大手不動産会社のプロが教える

中古住宅の買い方・売り方

喜多 信行 著

最新データも満載！

住宅新報社

はじめに

　中古住宅は今、熱い視線が注がれています。それは、住宅流通マーケットで存在感を増していることはもちろん、国が、中古住宅の流通量が拡大するように様々なバックアップ策を講じてきているからです。

　家を買うといえば、今までは新築住宅というイメージが定着してきていて、中古住宅はどちらかといえば敬遠されがちでした。しかし、世の中の変化と共に、新築一辺倒から、中古住宅も検討対象に加わるようになってきました。消費者ニーズの多様化は、本当にいいもの、自分の嗜好に合ったものを選択させる行動に向かわせています。家探しも、日本人の清潔好きという国民性が薄まり、中古住宅にしかないいいところ（この点については、第1章をご覧ください）に目が向けられるようになってきたのではないでしょうか。

　この本を初めて書いた約10年前くらいから、国の住宅政策は新築重視からストック重視に方向性が切り替えられました。消費者にわかりやすい中古住宅流通市場にするために、売却情報のインターネット登録を推進したり、中古住宅のウィークポイントである建物の劣化が少しでもわかるように建物診断の制度を作ったり、住宅融資を借りやすくしたり、購入時の税の優遇策を拡大したりと、新築住宅に比べて制度の劣っていた中古住宅が買いやすくなりました。加えて、中古住宅を買う際に深い関係があるリフォーム市場の整備にも重点的に取り組んでいて、利用しやすくなってきています。

　自分の経験で言うと、今まで4回自宅を買いましたが、初めの2回は新築で、後の2回は中古住宅です。中古住宅のいいところを感じてからは、新築住宅に目が向きにくくなりました。仕事柄中古住宅は身近にありますが、マイホームは自分だけのものではなく、家族の判断も加えて決断してきています。そして、今まで住んだ家には、家族一同大きな満足を得ています。

なお、本書では中古住宅という言葉ではなく、なるべく「既存住宅」という表現を使っています。中古という言葉の響きを嫌って、国をはじめ多くのところで既存住宅という言い方が使われてきているからです。
　本書が、読んで頂いた皆様のよりよい住まい選びに少しでも役立つことができ、ご家族の皆様の笑顔あふれる新居での生活が実現できることを、心より願っています。

2014年12月

目　次

はじめに ……………………………………………………………… 1

第1章　既存住宅の魅力
1 価格が安い ……………………………………………………… 10
2 実際に見て選べる ……………………………………………… 15
3 好きな街に住める ……………………………………………… 17
4 価格交渉ができる ……………………………………………… 19
5 いろんな選択肢に対応できる ………………………………… 21
6 良質なのに割安な物件が、実は豊富 ………………………… 23
7 リフォームで自由に衣替え …………………………………… 27
8 地球環境にやさしい住まい …………………………………… 30

第2章　大切な基礎知識
1 購入の流れを見てみよう ……………………………………… 34
　　　ワンポイントコラム：まずは、ターミナル駅近くの不動産会社へ行ってみよう！
2 信頼できる不動産会社を選ぶ ………………………………… 41
　　　ワンポイントコラム：信頼できる業者を選ぶ
3 仲介手数料の仕組み …………………………………………… 45
　　　ワンポイントコラム：プラス6万円の正体
4 情報収集の進め方 ……………………………………………… 48
　　　ワンポイントコラム：カラーチラシの情報鮮度
5 広告を読み込む ………………………………………………… 52
　　　ワンポイントコラム：物件探しには朝日と読売!?
6 価格の見方 ……………………………………………………… 55
　　　ワンポイントコラム：価格が下がった物件
7 諸費用には何がある？ ………………………………………… 60

ワンポイントコラム：物件の絞り込みができたら

第3章　物件の上手な探し方

1 買い時はいつなのか？ ……………………………………………… 68
　　　　　　　　　ワンポイントコラム：低金利の時は買い時！？
2 営業マンとの付き合い方が重要 …………………………………… 71
　　　　　　　　　ワンポイントコラム：こんな営業マンは要注意！
3 まず立地をチェック！ ……………………………………………… 74
　　　　　　　　　ワンポイントコラム：立地の第一印象と天候
4 周辺の環境をチェック！ …………………………………………… 77
　　　　　　　　　ワンポイントコラム：住宅の購入は、「点」ではなく「面」
5 一戸建とマンション、どちらにする？ …………………………… 80
　　　　　　　　　ワンポイントコラム：メゾネットタイプ
6 建物の築年数の見方 ………………………………………………… 84
　　　　　　　　　ワンポイントコラム：バブル時代の物件
7 案内の時に見抜く！ ………………………………………………… 87
　　　　　　　　　ワンポイントコラム：内覧は納得いくまで
8 「物件告知書」をもらう …………………………………………… 90
　　　　　　　　　ワンポイントコラム：「物件告知書」をよく確認しよう
9 住宅性能表示を利用する …………………………………………… 94
　　　　　　　　　ワンポイントコラム：建物診断を利用しよう

第4章　マンションのチェックポイント

1 規模についての全体的な見方 ……………………………………… 102
　　　　　　　　　ワンポイントコラム：大規模マンションを検討する時
2 「管理」をチェック！ ……………………………………………… 105
　　　　　　　　　ワンポイントコラム：管理確認の優先順位
3 分譲時の売主やゼネコンをチェック！ …………………………… 111

ワンポイントコラム：大きなトラブルがないか、聞いてみる

4 建築構造をチェック！ ……………………………………………… 114

ワンポイントコラム：丈夫で長持ちする物件を選ぶ

5 建物単位でチェック！ ……………………………………………… 116

ワンポイントコラム：極端に面積の異なる住戸を含むマンション

6 共用部分をチェック！ ……………………………………………… 118

ワンポイントコラム：エントランスは共有部分の"顔"

7 大切な間取りをチェック！ ………………………………………… 120

ワンポイントコラム：DK・LD・2SLDK

8 収納を考える ………………………………………………………… 123

ワンポイントコラム：使わない物を捨てる

9 専有部分をチェック！ ……………………………………………… 126

ワンポイントコラム：水回りの汚れや傷み

10 駐車場などの専用使用部分をチェック！ ………………………… 131

ワンポイントコラム：駐車場の確保

第5章　一戸建のチェックポイント

1 敷地の状況をチェック！ …………………………………………… 136

ワンポイントコラム：近隣建物の用途を確認

2 道路と敷地の関係をチェック！ …………………………………… 140

3 建物を外から見てみよう …………………………………………… 143

4 建物の内部を見てみよう …………………………………………… 146

5 間取りの特徴をつかむ ……………………………………………… 150

6 建物工法の特徴を知る ……………………………………………… 153

ワンポイントコラム：増改築の予定の有無を考える

第6章　予算とローンの組み方

1 資金計画を立てる …………………………………………………… 160

ワンポイントコラム：資金計画、すまい給付金
② 予算の立て方（自己資金） ……………………………………………… 164
ワンポイントコラム：相続時精算課税制度
③ 予算の立て方（住宅ローン） …………………………………………… 166
ワンポイントコラム：キャンペーン金利
④ 民間住宅ローンの手続き ………………………………………………… 174
ワンポイントコラム：手間がかかる手続き
⑤ フラット35の手続き ……………………………………………………… 177
ワンポイントコラム：フラット35の利用が増えてきています

第7章　交渉を上手に進める

① 紹介される物件の背景 …………………………………………………… 182
ワンポイントコラム：物件にも鮮度がある？
② 売却理由をつかむ ………………………………………………………… 185
ワンポイントコラム：注意が必要な売却理由
③ 購入申込みには、ポイントがある ……………………………………… 187
④ 契約の合意までは、たったの数日 ……………………………………… 190
ワンポイントコラム：大事なのは、契約金額だけではない

第8章　安全に契約を進める

① 契約から引渡しへの流れ ………………………………………………… 196
ワンポイントコラム：宅地建物取引士の誕生
② 重要事項説明書の見方 …………………………………………………… 204
ワンポイントコラム：重要事項説明書は、早めに入手
③ 「法令上の制限」をチェック！ ………………………………………… 210
ワンポイントコラム：将来の増改築や建替えに備える
④ 契約書の見方 ……………………………………………………………… 215
ワンポイントコラム：契約書のチェックポイント

5 瑕疵担保責任は、とても重要 ……………………………… 219
　　　　　　　　　ワンポイントコラム：「瑕疵」を理解する
6 契約の解除について ……………………………………… 222
　　　　　　　　　ワンポイントコラム：手付金の額
7 登記を行う ………………………………………………… 226
8 共有持分を決める ………………………………………… 230
　　　　　　　　　ワンポイントコラム：共有持分のメリット

第9章　リフォームの手順とポイント

1 既存住宅のリフォーム手順 ……………………………… 234
2 業者の選定と見積り ……………………………………… 238
　　　　　　　　　ワンポイントコラム：リフォーム業者
3 マンションのリフォーム ………………………………… 242
　　　　　　　　　ワンポイントコラム：壁のリフォームの注意点
4 一戸建のリフォーム ……………………………………… 245
　　　　　　　　　ワンポイントコラム：シロアリ対策

第10章　買換えの進め方

1 売却と購入のタイミング ………………………………… 250
　　　　　　　　　ワンポイントコラム：不動産会社に相談を
2 売却の流れ ………………………………………………… 254
　　　　　　　　　ワンポイントコラム：不動産会社を選ぶ目安
3 スムーズに売るために …………………………………… 260
　　　　　　　　　ワンポイントコラム：リフォームは先か、後か？
4 いくらで売れるのか？ …………………………………… 264
　　　　　　　　　ワンポイントコラム：高く「成約」させるには
5 どの媒介契約がいいのか？ ……………………………… 267
　　　　　　　　　ワンポイントコラム：不動産会社にとっての「一般媒介契約」

6 必要な書類と諸費用 ……………………………………………… 270
　　　　　　　　　　ワンポイントコラム：必要な書類の保管

【付　録】
立地・周辺環境チェックリスト ……………………………………… 276
マンションチェックリスト …………………………………………… 277
一戸建チェックリスト ………………………………………………… 278

私の住まい履歴　～あとがきにかえて ……………………………… 279

築40年の既存住宅をリフォームした物件の
オープンハウス会場（東京都日野市）

第1章

既存住宅の魅力

※本文では「中古住宅」を「既存在宅」と称しています。

1 価格が安い

　既存住宅には、新築住宅に比べて既存住宅にしかない魅力がいくつもありますが、その第一が、**「価格が安い」**ということです。首都圏で既存住宅を購入した方々を対象に、一般社団法人不動産流通経営協会が2014年に行った調査（以下、この調査を**「既存住宅成約者アンケート」**と呼びます）によると、既存住宅の購入理由の質問で、**「手頃な価格だった」**が常に上位で、半分以上の人がそれを理由に挙げています。

　首都圏で2,000万円以下の低価格のファミリー向け物件が買えるのも既存物件ならではのことですが、既存物件は新築物件に比べて、同じような条件の場合、**「一般的に2、3割以上安い」**と言われています。また、価格が安いということは同じ予算で探した場合、新築物件に比べて**「面積が広い」「駅や都心に近い」**など、より条件の良いものを購入できる可能性があります。

　2013年に首都圏で成約した新築物件と既存物件のマンションを比較してみると、平均的な成約価格で、新築が4,929万円、既存が2,589万円と、既存マンションのほうが4割強低い価格で成約しています。

　また、同じ面積とした場合での価格を比較するため、1㎡当たりの平均的な成約単価にすると、新築物件が69.7万円、既存物件が40.0万円と、既存物件のほうが4割程度低い価格で成約しています。どちらのデータを見ても、マンションは既存物件が新築の5〜6割程度の価格ということがご理解いただけると思います。

　一戸建の価格についても比較してみますと、2013年の首都圏新築建売住宅の平均成約価格は4,578万円で、既存物件の成約価格は2,921万円となっています。既存物件のほうが新築建売住宅より3割強低い価格で成約しています。

ここ数年の既存物件の成約価格の推移を見てみます。マンションは、成約した価格も㎡当たりの単価も、年々上昇・下降を繰り返しながらも、10年前に比べて3割程度上昇してきています。戸建住宅の平均成約価格は、ここ数年2,900万円台から3,300万円台の間を上下してきています。

地域によって多少のばらつきはありますが、マンションが2,500万円台で戸建が2,900万円台という数値は、価格水準の最も高い首都圏における

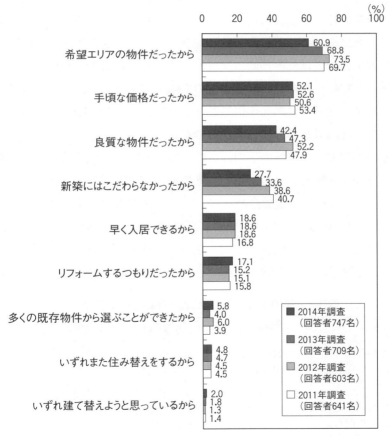

【既存住宅を選んだ理由】

※複数回答
資料：(一社) 不動産流通経営協会 2014年調査

平均的な成約価格ですので、その他のエリアであれば、さらに低い価格で購入できる可能性があるということです。実際には既存物件と新築物件が同一の条件であることはあり得ませんが、少なくとも割安であることは十分に感じていただけたかと思います。

　安いことをあまり言うと、買ってからさらに資産価値が下落するような印象があるかもしれません。マンションも戸建も、建物は居住することによる劣化や建築してからの経過年数による価値の減少は、自然の成り行きとして仕方のないことと考えます。しかし、マンションも含めて土地が付いている資産としての価値は保たれています。もちろん今の時代に、値下がりがないということは難しいですが、銀行の預金でさえも完全に保証され難い状況においては、不動産の安定性は高いと言えます。それは、1990年代に日本が経験したバブル崩壊直後の大幅な地価下落という大きな痛手を教訓にして、地価の変動を小幅でとどめることにより、経済への影響を最小限に抑える誘導を行っているからです。

　首都圏の既存マンションの平均的な成約価格は約2,500万円ですが、仮に新築物件より3割安いとしますと、その差額1,100万円について、金利の低い民間銀行ローンの変動金利2.475%で20年間返済で借入れした場合、月々約58,000円の返済です。つまり、新築マンションではなく既存マンションを購入すると、月々の返済が約58,000円少なくて済むということです。このように返済という面から見ても、既存住宅の有利さがわかります。

【既存と新築の平均成約価格比較（首都圏2013年）】

	既存住宅	新築住宅	既存／新築
マンション （㎡当たりの単価）	2,589万円 （40.0万円）	4,929万円 （69.7万円）	52.5% （57.4%）
一戸建 （平均土地面積） （平均建物面積）	2,921万円 （149.70㎡） （105.46㎡）	4,578万円 （124.59㎡） （99.80㎡）	63.8% — —

資料：既存住宅　（公財）東日本不動産流通機構
　　　新築住宅　㈱不動産経済研究所

第1章 既存住宅の魅力

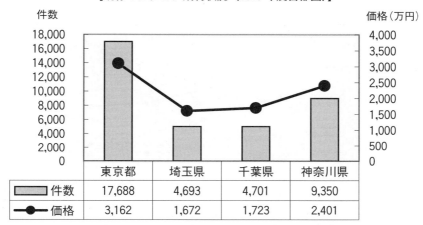

【既存マンション成約状況（2013年度首都圏）】

（公財）東日本不動産流通機構の資料により作成

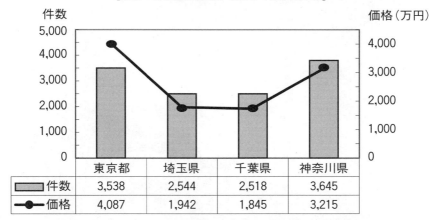

【既存一戸建成約状況（2013年度首都圏）】

（公財）東日本不動産流通機構の資料により作成

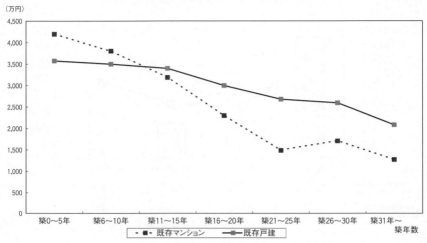

【築年帯別平均成約価格（2013年度首都圏）】

(公財) 東日本不動産流通機構の資料により作成

2 実際に見て選べる

　新築マンションの販売センターを訪問すると、代表的な間取りでつくられた、実にキレイで洗練されたモデルルームを見学することができます。新築マンションを販売する不動産会社は、建物が完成するまでに全住戸を売り切れるように、販売計画を立てるのが一般的です。このために、「青田売り」と言って、マンションの建物が完成する前に販売が開始され、購入を検討する段階では、代表的な間取りでつくられたモデルルームを見ただけで、購入の決断をせざるを得ないわけです。

　新築マンションの購入を検討する場合、間取りはモデルルーム以外に何種類もあり、部屋の角や天井にある梁の出っ張り具合が見られないと、間取り図面からはなかなか本当の広さはわかりません。また、マンションの大きな楽しみである眺望を楽しもうと、せっかく上層階の購入を検討しようとしても、実際の景色は建物が完成しないと確認できないので、たぶんこんな感じだろうと想像して、契約します。

　その点既存住宅は、物件そのものを見られるだけでなく、隣や周辺も含めてすでに生活が営まれている状況を確認することができます。建物の外や中の状況、実際の部屋の広さ、設備や付帯器具の使い勝手、窓やバルコニーからの景色、近隣の住人のことも知ることができます。"百聞は一見にしかず"のことわざどおりに、現実を実際に自分の目で確かめたうえで購入の決断をすることができる点が、既存住宅の大きな魅力です。

　モデルルームやパンフレットを見て想像をふくらませ、完成を楽しみに待っていた新居を見にいくと、思っていたより狭かったり、使いづらかったりというように、せっかくの新居が予想と違って出来上がっている場合があります。さらに、新居での生活が始まると、隣や近隣、またマンションの場合は上下左右階の住人が原因で、生活の快適さが損なわれることも

あります。小さな子供が跳びはねる音の問題、何かにつけ文句を言ってくる人、ルールや一般常識を全然守ろうとしない人などと接した部屋であったことが、生活を始めた後にわかるということです。

　近隣住人のことについては、もちろん何でもわかるわけではありませんが、既存住宅の場合は、ある程度の把握が可能です。例えば物件の売主の方や居住している人にどのような理由で売却することになったかを聞いてみることも、購入の検討材料として重要な情報の一つになります。

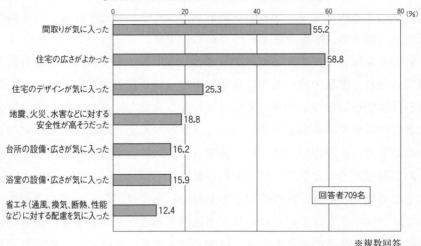

※複数回答
資料：（一社）不動産流通経営協会 2013年調査

3 好きな街に住める

「この街が住みやすいから」「親戚や知人に会いやすいからこの街で」「この街にあこがれていたから」「この街が家族との地縁があるから」など、住宅選びの大切な要素の一つが場所になります。家探しをしている方の中には、子供を評判の良い小学校に入学させるために、その学校の学区内に限定して物件を選んでいる方も見受けます。

「既存住宅成約者アンケート」によると、住宅探しで既存住宅を選んだ理由で、**「希望エリアの物件」**が**「手頃な価格」**「**良質な物件**」とともに3大理由となっています（P.11グラフ参照）。一方、新築物件に限定して物件探しをすると、必ずしも希望するエリアでの物件があるとは限りませんので、希望のエリアをかなり広範囲に設定したうえで、物件を探さざるを得ないことになります。そして、結果として購入した物件が、希望していた場所とかなり違ってしまうことも起こりがちです。

街や地域ということにこだわりがない方は別ですが、よほど新築物件の魅力が高くない限り、住宅選びをする時には、場所という要素はとても重要です。このために、**住んでから満足感の高い住宅を選ぶには、まず自分に合った街を選ぶ**ことをお勧めします。

最近ではテレビ番組でも、繁華街ばかりでなく住みやすい街を紹介する内容のものが増えてきています。田園調布や成城といった高級で有名な街に限らず、本当に自分の好みに合った住みやすい街が、その魅力とともに画面に紹介されているのを見ますと、街選びの重要性を改めて認識させられます。

住処（すみか）として選ばれた街は、その街やその街の近くに住んでいたとか、通っていたとか、知人が住んでいて何度も行ったことがあるといったように、家族のどなたかが実際に訪問をして、その街の良さを体感している

ケースが多いようです。思いきって全く地縁のない街に住む場合もあると思いますが、物件という一つの場所の魅力だけでなく、その物件のある街をよく知ることが、上手な家選びの第一歩です。

　家を探す時に、条件の一つとして、ある街やエリアに絞り込むことが大事だと思います。また、予算の関係で、住みたい街のある鉄道駅より数駅遠い駅の街にせざるを得ない場合もあると思います。どちらにしても、自分や家族にとって住みやすい街を決めたら、既存住宅も含めた物件選びをお勧めします。また、マンションではなく一戸建の住宅を探す時には、新築物件の販売数が少ないだけに、必然的に既存住宅も含めて検討することになるでしょう。

4 価格交渉ができる

　商品を購入する際に、少しでも割安に買おうと思うのは当然のことですが、高額な商品であれば、その気持ちはさらに高まってきます。不動産の場合、新築売れ残り住戸を販売する際に一部で値引きをする場合があることを除いて、新築物件についてはパンフレットに記載された販売価格での「定価販売」となっています。

　一方、既存住宅の広告や物件資料などに記載されている販売価格は、売主の希望価格であり、**成約価格は記載金額より低い金額で決まっているケースが多い**のです。いざ購入する段階では、購入希望者である買主は「指値(さしね)」といって、「**この金額になったら買う**」という意思表示を、不動産業者を通じて売主に対して行います。この買主の希望が必ず通るとは限りませんが、交渉を経た結果、多くの場合売主と買主の希望額の間で決まっています。

　具体的に言いますと、あるマンションを案内され、気に入ったとします。そこで、資料では価格2,850万円と記載されていたのに対して、「2,700万円なら購入したい」と自分の担当をしている不動産会社に対して指値の希望を出します。不動産会社が売主と買主の間に入って交渉を重ね、売主と買主ともに納得したのが2,750万円だったということに至り、契約締結の手続きという運びになります。結果として、売主希望額より100万円安く購入できたということになります。

　また、既存住宅の中には割安な物件が含まれていることもあります。それは、既存住宅の売主が個人であるために、買換え目的で、「先に購入した物件の代金の支払いのために早期に売却したい」とか、転勤や離婚が理由で、「とにかく早期にまとまったお金が必要」などなど、様々な理由で物件の売却がなされているからです。このように売り急いでいる売主の物

件は、初めから高い売却希望額にしていませんし、指値も通りやすい場合が多いのです。しかし、このような物件だけを取り出して探すことは現実的にできませんし、より良い住宅選びからもお勧めできませんので、あくまでも希望物件に含まれていたらラッキーという程度に考えましょう。

【成約価格の違い】

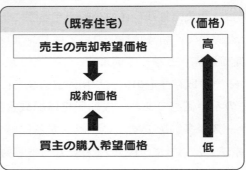

5 いろんな選択肢に対応できる

「**3 好きな街に住める**」で、自分の好みに合った街を選べるということを書きました。既存住宅は、街という選択肢のほかにも、購入希望内容に応じて、価格・立地・面積・間取り・建て方などあらゆる選択肢に応えられます。

最寄駅との関係においても、ご主人の通勤や電車で通学する子供のために、「絶対に駅から徒歩圏じゃないとダメ！」というよりも、奥様が車で送迎できるので、バス便でも生活に影響がない状況であれば、徒歩圏だけに限定しないことによって選択肢が広がってきます。当然、予算と最寄駅を限定して物件を探しますと、駅から離れるほうが広いものが買えます。

マンションの場合、広い敷地に何棟かの建物が建っていて、公園やプレイロットなど住民で利用できる共用施設などもある環境創造タイプの大規模物件もあれば、すでにある住宅地などの中に建てられた独立タイプの物件という選択肢もあります。物件を探している方の中には、「特定の大規模Ａマンションの中でも、100㎡以上の面積で何階以上の角部屋」といったように限定して物件を探している場合もよくあります。

一戸建や土地を探す場合には、敷地に対する道路の方向や道路の幅員、敷地の形や間口といった選択肢によって、土地自体の価値＝価格も変わってきます。ある程度構想を練った建物プランがあれば、その建物が建てられる土地を探す必要があります。

間取りについても、小さい子供が２人いるファミリーの場合、「子供が成長した際にはそれぞれに子供部屋を持たせたい」と考え、６畳以上で同じくらいの広さの子供部屋が２室ある物件を希望するということも見受けられます。このほかにも、リビングやキッチンの広さ、収納スペース、玄関の方位など間取りについての様々な選択肢が考えられます。

足の悪いお年寄りが入居する関係で、「駅や病院まで坂のないこと」や、「道路と敷地との間に段差がないこと」や、マンションですと「部屋まで階段を使わないで到達できる」といったことが条件に加わることもあります。

　購入を検討する時には、予算・エリア・一戸建かマンションかというような大きな方針を決めるとともに、建物・間取り・設備といった選択肢まで希望条件をはっきりさせる必要があります。ただし、たくさんの希望条件をすべてかなえることは、無限に予算がない限り不可能です。

　購入検討の初期段階では、希望内容を無理やり狭める必要はありませんが、**具体的に物件を選ぶ段階では、絶対に妥協できない最低限の希望条件とそのほかに整理し、さらにそのほかの希望条件には優先順位をつけておく**ことが、良い家探しのやり方と言えます。

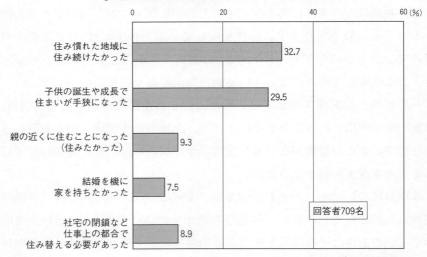

【既存住宅の購入を決めた理由（身辺事情）】

※複数回答
資料：（一社）不動産流通経営協会 2013 年調査

6 良質なのに割安な物件が、実は豊富

　全国の不動産会社が、不動産の売却依頼を受けた際に、コンピュータに登録する「レインズ」というシステムがあります。これは不動産会社間で情報交換をすることにより、売買をスムーズに執り行うことを目指したものであり、住宅を中心とした売却希望物件の多くがこのシステムに登録されている状況です。

　このレインズのデータによりますと、全国で売り物件として登録された数は、従来年間60万件台で推移してきたものが、2004年から大幅に増加し、2012年には年間140万件に至っています。売却物件のすべてが登録されているというわけではありませんので、最低でも140万件以上の既存物件が、売却検討対象としてマーケットに登場してきているということになります。分譲マンションが、全国でここ数年毎年10万戸くらいずつ完成してきていることから比べると、毎年140万件以上の売却物件がマーケットに出てきている既存住宅のボリュームが、いかに大きいかがわかると思います。

　既存住宅だから質が悪いというのは大間違いです。「既存住宅購入者アンケート」によりますと、既存住宅を購入した理由で、**「良質な物件だったから」**と答えた方が5割弱となっています（P.11グラフ参照）。つまり、既存物件購入者の半数近くの人が、良質な物件だからこそ既存住宅の購入に至っています。

　現在、質の高い新築住宅が、低金利の後押しもあり毎年大量に販売されています。これらの物件はすべて既存売却物件の予備軍であり、特にマンションは2010年頃まで、ずっと大量供給が続いてきていましたので、住み替えるための売却物件が、これからかなり市場に出てくることが見込まれます。全国でレインズに登録された売却物件数も、10年前に比べて倍程

に増えてきており、自分に合ったものを選択しやすくなってきていることを裏づけています。

　売出し物件は日々マーケットに出てきています。レインズの首都圏のデータによりますと、売却物件として登録される数は、首都圏の1都3県で毎日約1,430件ずつ、近畿圏の1府5県で毎日約600件、全国では約3,820件ずつ（2012年実績）。特に、**毎年3月、4月、10月は登録数が多め**です。既存住宅を選ぶ際には、これらの情報の中から、希望に合うものが確実に自分のところへ情報として流れてくるように、不動産会社に希望内容を細かく確実に伝えておくことが重要です。

　「良質な住宅」とはどういうものかということを考えるとき、それぞれの人が判断することですから、答えが一つということは考えられません。まだ誰も住んでいない新品という点に強い魅力を感じる人は、新築住宅を

【既存住宅の購入を決めた理由（資金面）】

項目	%
資金面の理由は特にない	24.0
金利が低かった（低いと感じた）	36.1
住宅の価格が安く、買いやすかった	21.3
ローンの返済期間などから自分にとって今が買い時と思った	28.4
税の優遇措置（住宅ローン減税等）が有利で買い時と思った	18.6

回答者709名

※複数回答
資料：（一社）不動産流通経営協会 2013年調査

購入するしかありませんが、そもそも住宅というものは、場所・環境・建物の間取りや質に加え、そこに住む一人ひとりの生活ということも考えて選ぶものです。ですから、単に新築だからということだけで選択するというのは、決して良い選び方とは言えないのです。

　また、既存住宅ならではのお得物件にめぐり合うこともあります。戸建にしてもマンションでも、案内された物件が、建築してからの期間の割には大したキズや汚れがなく、劣化や損耗を感じさせない物件であることがあります。売主の方が大切に使用し、しっかりメンテナンスをしてきたからだと思われますが、このような物件はお買い得ということになります。

　既存住宅の価格は、新築された時と必ずしも連動してきません。市場の原理で決まってきますので、例えばマンションの同じような間取りの物件が、同時期に何室か売却されてくると、売買価格は下降しがちなので、このような物件を購入することは、お買い得です。

【物件種類別売り物件新規登録件数(全国)】

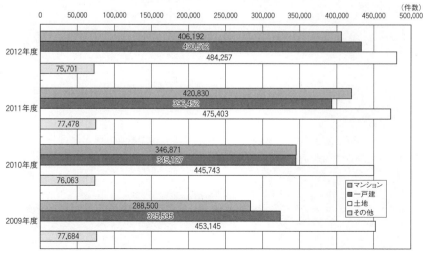

資料：(公財)不動産流通近代化センターHP
「不動産統計集」より作成

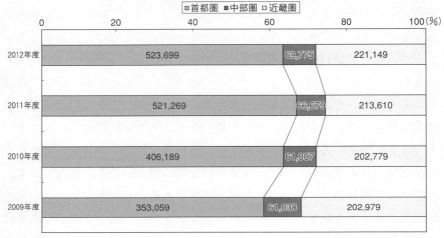

7 リフォームで自由に衣替え

　建築されてから 25 年以上たったマンションを買い取って、その部屋の内装をすべてリフォームしたうえで販売している物件を時々見かけます。これらの物件の部屋の中に入ってみると、新築物件かと見間違うほどの出来栄えです。このように、特にマンションの場合は、床・壁・天井のクロスやカーペットをすべて交換すると、今までの古さや、居住していた方の面影をほとんど感じさせないくらいにまで、変えてしまうこともできます。

　既存住宅購入者のうち、リフォームをしている人の割合は、「既存住宅成約者アンケート」によると、一戸建、マンション合わせて 6 割くらいの方々が実施しています。何も手を加えずに引っ越せるのが経済的には一番良いのですが、**多少リフォームをするだけで大幅に生まれ変わらせることができるのも、既存住宅の特徴**です。

　費用も、マンションの場合は築年数が 10 年を超えると 100 万円以上かける方が増えてくるということで、決して高い費用をかけて大々的にリフォームしているというわけではありません。もちろん、購入予算にリフォーム代金を見込んでいることが必要ですが、売主との価格交渉をうまく使えば、多少の費用は契約金額を値下げすることでカバーできる場合もあります。特に明らかにリフォームが必要という状況であれば、交渉で何とかなる可能性も高まります。

　リフォームといっても、必要最低限だけを行う場合もあれば、自分の好みに合わせて大幅に手を加える場合と様々ですが、購入予算に多少の余裕を持つことにより、自分の住む家の魅力をより引き立たせることができます。奥様が「水回りだけはこだわりたい」という場合、自分の好みや背丈に合った使いやすいものを設置することも可能ですし、お子様の好みに合わせた壁のクロスを選ぶといったことも叶えられます。

購入の決断をする前に見積りを取って、予算も含めてよく検討することをお勧めします。相談できるリフォーム業者があれば問題ありませんが、ない場合はとりあえずは不動産会社が紹介してくれます。また、インターネットにも簡単に見積りができるサイトもあります。リフォームの見積りに時間がかかると、せっかく気に入った物件がほかで契約になってしまうこともありますので、とりあえずは内容と金額のめどがついた時点で契約を済ませ、契約後に別のリフォーム業者にも見積ってもらい、依頼する先を決めるという進め方になります。

　最近では、既に不動産会社がリフォームを済ませた物件も多く出てきています。**これらの物件は、建築されてからの年数がかなり経っている建物が多い**のです。素人目に見ると、これらの物件のリフォーム前は、とても買う気など起きない程使い古されていることでしょう。でも、不動産会社が見違えるほど綺麗にリフォームをし、以前の状況など全く感じさせない出来栄えに仕上げています。**マンションなら、エントランスや廊下などの共用部分がしっかり管理されていれば**、住まう部分である専有部分の上手な仕上げが気に入られ、多くの物件が買われています。リフォームの手間が無く、**少々築年数の古いことが納得できれば**、買いやすい物件といえま

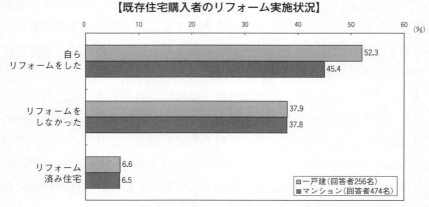

資料：（一社）不動産流通経営協会 2014年調査

す。

　リフォームを行うことにより、購入する住宅の魅力が大いに増すとともに、特に一戸建住宅の場合は、建物をより長持ちさせることにもなります。日本の住宅の平均寿命は、欧米に比べてかなり短いと言われていますが、適切な維持管理を行うことにより、一戸建の平均耐用年数の 30 年を過ぎても十分に使うことができるようになるでしょう。またマンションの場合でも、廊下やエントランスや上下水道管といった居住者が共通に使う共用部分の管理さえしっかりしていれば、自分の部屋はリフォームを施すことにより何十年と長持ちさせることができます。それだけに、特にマンションの場合は建築されてから何年たったかということに加え、管理がしっかりした物件を選ぶことがポイントとなります。

8 地球環境にやさしい住まい

　これからの地球環境を守るために、様々な形で環境の問題について検討したり、対策に取り組んだりということが世の中で広くなされています。既存住宅も、再利用という側面から、環境にやさしい取り組みの一つと言えます。

　日本全体の住宅ストックは、戸数の確保という住宅政策が推進されたことによって、昭和48年にはすべての都道府県で所有と賃貸を合わせた住宅の総数が総世帯数を上回り、1世帯1住宅が達成されました。その後は、住宅の質を確保することに政策の重点が移されましたが、その後も住宅の数は増え続け、今では10戸に1戸の割合で空家があるまでに至っています。もちろんすべての住宅が、広さや質を満たしているわけではありませんが、かなりの数の住宅が余っている状況だということはおわかりいただけると思います。

　住宅先進国のアメリカの住宅事情を見てみますと、建築された住宅自体を日本よりも長く使い続けるという違いもありますが、住宅取引の市場で売買されている住宅の約8割が既存住宅となっています。

　一方、日本の住宅売買における取引は新築住宅が中心で、既存住宅は大体2～3割にとどまっています。背景としては、何でも新品を好む日本人独特の指向に加え、経済活性化のための政策としても新築住宅の建設が強力に推進されてきたという事情も大きく作用しています。

　今後の住宅政策を推進するうえで基本となる法律として、「**住生活基本法**」が平成18年に定められました。この法律の4つの基本理念のひとつとして、「**住宅市場の環境整備と住宅ストックの有効利用を図っていくこと**」が掲げられました。つまり、既存住宅にもっと着目して、取引市場が活性化するように仕向けていこうという考えなのです。

世の中では、マイカー・家具・スポーツ用品・服・本などといったものの、「**中古品の再利用（リユース）**」「**使用済み製品の再生（リサイクル）**」「**改修（リペア）**」といった広い意味での再生によるマーケットが拡大しつつあり、「**Re-経済**」と呼ばれています。

　これからは、新しくつくったものをできるだけ長持ちするように手入れをしながら大事に使い、もし不用になっても捨てるのではなく、循環して使えるように仕向けていくことが、環境問題を乗り越えて行くためにも必要です。住宅という大きなものも、いらないといって取り壊すと大量のゴミが発生して捨て場所にも限界があります。上手に、なるべく長い期間使い続けるようにしていくことが求められます。

　既存住宅は、先に書いたようにリフォームを加えることによって、自由に衣替えをしたり、部分的に新しくすることができますので、新築だけに限定しないで、ぜひとも「地球環境にやさしい住宅選び」にも目を向けてみてください。

第1章　既存住宅の魅力　　　まとめ

❶　新築住宅の価格に比べ、3〜4割以上安い価格水準の既存住宅は、「お買い得感」がある。

❷　購入する物件そのものを実際に見られるので、広さや設備の使い勝手、窓やバルコニーからの景色、また近隣住民の様子も確かめられる。

❸　住宅を選定する時の重要なポイントである、「立地」に重点を置いた選択が可能で、自分の希望する街で物件を探すことができる。

❹　物件を購入する際に、決められた価格で契約するのではなく、買主としての希望価格を売主と交渉したうえで契約金額を決めることができる。

❺　購入希望内容に応じて、価格・立地・面積・間取り・建て方など、あらゆる選択肢に応えられる。

❻　ここ数年は、年間140万件以上という大量の売却物件がマーケットに出てきており、購入者の半数弱の方が「良質な物件」を購入理由に挙げている。

❼　既存住宅にリフォームを加えることにより、好きなように変更ができ、全く新しく生まれ変わらせることができる。

❽　既存住宅は、再利用という側面から「地球環境にやさしい住宅選び」の一つであり、国の住宅政策も既存住宅を中心とした「ストック重視」の考え方に変わってきている。

第2章

大切な基礎知識

1 購入の流れを見てみよう

　良い既存住宅を購入するためには、まず、どのような流れで購入が進められるかを理解することから始まります。この流れは、どの不動産会社を選んでもほぼ同じですが、各ステップでいかにお客さんに親切さや丁寧さを感じてもらえるかを各社工夫しています。そして、自分に合う物件が見つかった時には、常に早い者勝ちですので、即断即決を求められます。あせって悪いものを選んでしまうことがないように注意することも大切ですが、**購入に当たって次のステップで何をするのかがわかっていないと、良い判断ができません。**

　これから基本的な購入の流れを示しますが、不動産取引においては**「安くて良質な物件を見つけること」**と**「安全に取引を進めること」**の2つのポイントがあることを理解しておいてください。

（1）不動産会社を選ぶ

　自分の希望をよく理解し、希望条件に合った情報をタイムリーに提供してくれて、今後の購入ステップを安全に進めてくれる不動産会社を見つけましょう。探し始めは、1社に限定するのではなくいくつかの会社を訪問して相談を行い、いろいろな情報を収集することを通じて、自分が信頼できる不動産会社を見極めることが重要です。

　不動産会社を訪問するのがためらわれる方は、インターネットで相談に応じている不動産会社も多くありますので、初期段階での情報収集はインターネットで行い、具体性を帯びてきた段階で訪問・相談するのも一つの方法です。インターネットは、物件情報や取引知識などの情報収集に大いに役立ちますので上手に使いましょう。

（2）資金相談

　自分の手持ち資金や収入状況などに応じて、いくらくらいの物件が購入

できるか、またローンの借入金はどのような種類で、返済期間や返済額をどのようにすればよいのか、といった内容のプランを提示してもらうのが、資金相談です。

　資金相談では、まず自分自身の貯金や親からの贈与といった現金で調達する資金の金額を確定させなくてはなりません。次に、ローンの相談になりますが、ローンについては購入してから何十年もの返済が必要となりますので、家庭の収入や家族の成長などを考慮に入れ、加えて変動金利などの場合には返済金額の見通しを十分に見極めたうえで、いくらくらい借り入れるかを決める必要があります。不動産会社の考えてくれた資金プランに対して、自分たちの家庭の状況をよく考慮して、無理のない返済計画の範囲で予算を組むようにしてください。

（３）物件情報の収集

　不動産会社に相談すると、自分の希望内容に合った物件情報が、紹介されてきます。多くの不動産会社は、Ｂ４用紙１枚に１物件が紹介されている物件資料を届けてくると思います。いくつかの不動産会社に相談している場合は、同じ物件が重複して送られてくる場合もあるでしょう。その中に気になる物件があったら、内容や状況を担当の不動産会社にどんどん確認するようにしましょう。良い物件はすぐに売れてしまう場合もあります。また、自分の希望が不動産会社によく理解されていないと思ったらすぐに修正しておきましょう。

（４）現地案内と物件チェック

　希望に合った物件があれば、担当の不動産会社に現地を案内してもらいます。既存住宅の場合、まだ居住中の場合がほとんどですので、実際の生活がどのように営まれているのか見ることもできますし、居住者に住み心地などの状況について聞いてみることもできる場合があります。

　ただし、家の中を何回も見せてもらうことはできませんので、**あらかじめチェックポイントをまとめておき、案内の際に十分確認するようにしましょう。** また、もし見忘れた部分がありましたら、不動産会社に質問をぶ

つけてみましょう。また、本書の巻末に付録として物件のチェックリストを掲載しましたので上手に使ってみてください。

（5）購入の申込み

購入希望物件が決まったら、「**購入申込書**」（「**買付け証明書**」とも言われている）を不動産会社を通じて売主に提出しますが、この際に購入希望金額を記入します。この購入希望金額は、ただ安く出せばいいというものではなく、売主に売る気持ちを起こさせることが重要で、今後の交渉にも影響がありますので、不動産会社とよく相談されることをお勧めします。併せて、契約金の額や契約・引渡し日程などの条件も購入申込書に記載して売主へ伝えます。

（6）契約条件の調整

購入申込書の契約希望条件に沿って、不動産会社が売主と交渉します。売主としては、契約金額の妥当性やその他の契約条件を考え合わせて、売却する決断をすることになりますが、買主の希望条件が1回で通らず何回かのやり取りを経て売主との条件の合意に至ることもあります。

（7）売買契約の締結

売主・買主間で合意した条件で売買契約を締結し、買主は手付金を売主に対して支払います。契約に先立ち、不動産会社より重要事項説明が行われますが、これは宅地建物取引業法で定められた重要な手続きで、契約までの間に「**宅地建物取引士**」が書面に基づき口頭で説明することが義務づけられています。なお、宅地建物取引主任者は「宅地建物取引士」へ、2015年4月に名称変更されます。この点については、**第8章❶**のワンポイントコラムをご覧ください。なお、本書では宅地建物取引士と表記しています。

重要事項説明の内容は、取引物件の登記に関する内容・法的規制・契約に関する事項などで構成されています。取引物件を売主が本当に所有しているか、法律によってどのような規制を受けているのか、水道・ガス・電気・排水などの状況、締結する契約の主要な内容などについて、不動産会

社が直前に調査のうえ、作成します。普段聞きなれない言葉が含まれていることと思いますが、よくわからない点は質問をして、内容を十分に理解してから契約締結に進みましょう。

(8) ローンの申込み

契約締結後速やかに、民間ローンや公的資金などの所定の窓口に行って申込手続をします。不動産会社で斡旋された提携ローンであれば、申込みは契約時にできます。申込み後数週間して融資決定が出ますと、契約時に約束したローンが不成立の時は契約を白紙解約できる「**ローン特約**」も無事クリアされ、融資金が実行されるのを待つばかりになります。

ローンの申込みに際しては、収入に関する証明書や登記簿謄本など購入物件に関する書類、また印鑑証明書・住民票といった借入れ本人に関する書類など、いろいろな書類の提出が求められますので、必要枚数を含め間違えないように注意してください。役所発行の書類の数などを間違えると、あとで何度も取りに行くという手間が増えてしまいます。

なお、契約締結後の手続きをスムーズに進めることやトラブルを防止する観点から、契約締結前にローンの事前審査を行うことが増えてきています。この場合でも、売買契約を締結した後にローンの本申込みが必要となります。

(9) 残代金の支払いと物件の引渡し（決済引渡し）

売主に対して手付金を除いた売買代金を支払い、物件の引渡しを受けます。内容は、**①登記必要書類の確認**、**②残代金の支払い**、**③物件の受領**となっていますが、「**③物件の受領**」は書類と家の鍵の授受を行い、実際の物件の受領は残代金決済終了後に現場確認と同時に行われています。現場確認を前日など事前に行う場合もあります。

会場は、買主の融資金関係で金融機関になることが多く、売主・買主本人、それぞれの担当不動産会社、司法書士が集合して行います。司法書士は、手続きが終了すると法務局に出向き、当日中に所有権移転などの登記申請手続を行います。

(10) 引っ越し・入居

引渡しを受けてから引っ越しまでの間に、リフォームや室内清掃を済ませます。また、安全性を高めるために、鍵の交換も済ませたうえで引っ越しを行います。

(11) 登記識別情報の受領

残代金の支払日に申請した登記手続が終了し、司法書士から登記識別情報が届きます。念のため、内容に誤りがないか確認してください。

【購入の流れ】

(1)**不動産会社を選ぶ**
　自分の希望をよく理解し、希望条件に合った情報をタイムリーに提供してくれて、今後の購入ステップを安全に進めてくれる不動産会社を見つけます。

(2)**資金相談**
　自分の手持ち資金や収入状況などに応じて、いくらくらいの物件が購入できるか、またローンの借入金はどのような種類で、返済期間や返済額をどのようにすればよいのか、といった内容のプランを検討します。

(3)**物件情報の収集**
　不動産会社に相談した自分の希望内容に合った物件情報が紹介されてきます。複数の不動産会社に相談している場合は、同じ物件情報が重複していくつかの不動産会社から紹介される場合もあるでしょう。

(4)**現地案内と物件チェック**
　希望に合った物件があれば、担当の不動産会社に現地を案内してもらいます。

(5)**購入の申込み**
　購入希望物件が決まったら、「購入申込書」を不動産会社を通じて売主に提示しますが、この際に購入希望金額を記入するとともに、手付金の額や契約・引渡し日程などの条件も売主へ伝えます。

(6)契約条件の調整
「購入申込書」の契約希望条件に沿って、不動産会社が売主と交渉します。買主の希望条件が1回で通らずに、何回かのやり取りを経て買主と売主との条件の合意に至ることもあります。

(7)売買契約の締結
契約に先立ち、不動産会社より重要事項説明が行われます。売主・買主間で合意した条件で売買契約を締結し、買主は手付金を売主に対して支払います。

(8)ローンの申込み
契約締結後速やかに、民間ローンや公的資金など所定の窓口で申込手続をします。不動産会社で斡旋された提携ローンであれば、申込みは契約の時にできます。

(9)残代金の支払いと物件の引渡し(決済引渡し)
売主に対して手付金を除いた売買代金を支払い、物件の引渡しを受けます。内容は、登記必要書類の確認、残代金の支払い、鍵の受領となっています。

(10)引っ越し・入居
引渡しを受けてから引っ越しまでの間に、リフォームや室内清掃を済ませます。また、安全性を高めるために、鍵の交換も済ませたうえで、引っ越しを行います。

(11)登記識別情報の受領
残代金の支払日に申請した登記手続が終了し、司法書士から登記識別情報が届きます。

ワンポイントコラム

＜まずは、ターミナル駅近くの不動産会社へ行ってみよう！＞

　まず力を入れてやらないといけないのが、頼れる不動産会社探しです。エリアが絞り込まれている時は、その中心となる駅周辺にある不動産会社を片っ端から訪問してみましょう。不動産会社の店舗は一般的に地域密着で営業しているため、全く異なる県や沿線の物件にまで詳しい営業マンはいないと考えたほうがよいでしょう。このため、エリアの絞り込みがまだできていない時は、なるべく大きなターミナル駅近くにある不動産会社の店舗に行くことをお勧めします。こうした店舗のほうが、広範囲に物件探しをする顧客が来店するため、営業マンも慣れている人のいることがあるからです。

2　信頼できる不動産会社を選ぶ

　既存住宅を購入するに際して、良い物件に巡り合い、安全に取引を終了させるためには、信頼できる不動産会社を見つけることが必要です。不動産会社自体は、大手や中小を合わせて全国で約12万社と多くの数があります。ただし、売買を中心に行っている会社、賃貸を中心に行っている会社、また住宅ではなく事務所などの業務用の不動産を中心に行っている会社もあります。住宅の売買をメインに業務を行っている会社以外は、依頼してもほとんど役には立ちませんのでご注意ください。

　「大手のチェーン店と地元業者のどちらが良いか」とよく聞かれますが、結論から言いますと、自分に合っているほうが良い不動産会社ということになります。自分の購入しようとしている物件や自分自身のライフスタイル・性格など、いろいろな要素が加わり、一概にどの不動産会社が良いかは断言できません。それぞれの特徴を記しますが、実際に店舗に行って、ご自身の目で見て判断するのが、一番です。

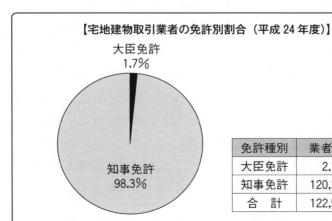

【宅地建物取引業者の免許別割合（平成24年度）】

免許種別	業者数
大臣免許	2,137
知事免許	120,373
合　計	122,510

資料：国土交通省「宅地建物取引業の施行状況調査結果について」より

まず、大手チェーン店の特徴としては、自社内において広い地域にわたって大量の情報を保有しているということです。これらのデータを購入希望者のニーズに応えられるように、コンピュータを上手に利用して、情報を様々な形にして蓄積しています。不動産会社なら誰でもアクセスできる「レインズ」という業者間情報交換システムがあるということを書きましたが、地元ならいざ知らず、現物を知らないで購入希望条件に合った物件をレインズデータから見つけるのは至難の業です。多数の店舗を持つ大手チェーン店であれば、例えば神奈川県内のお店で千葉県内の物件を探すことも可能です。場所や価格のほかにもいろいろな希望条件があると思いますが、それらの内容をこれまでの成約情報も含めて情報の整理が進んでおり、少しでも多くの物件情報を紹介してもらえる可能性があります。

　また、物件紹介や契約などの手続きが社内でシステム化されており、一定レベル以上の均質的なサービス提供を受けることができます。受け取る書類なども、多くの場合社内で統一されており、キレイで見やすくなっていることが多いです。取引に付帯するサービスについても、ローン・保険・税務・法務などからリフォームや引っ越しまで自社の中で用意されていることも多く、手間をかけずに簡単に手続きができる利点があります。

　一方、地元業者の特徴としては、何と言っても地元に密着して仕事を行っているということです。不動産関係に限らず地元の方々と密接につながりを持っていることが多く、地域ということに限定するといろいろな情報を持っており、これから探したり契約しようとしている物件における生活に関する情報などは一番よく知っています。美味しい店、ショッピング、評判のいい医院、教育関係などピンポイントの情報を教えてくれたりします。同様に、物件情報も大手不動産会社には入りにくい、地元ならではの情報をキャッチしていることもあります。また、従事している社員の数が少ない会社が大半ですが、あなたとのフィーリングが合えば、とことん熱心に家探しを手伝ってくれるでしょう。

　不動産会社の信頼性を客観的に判断する方法があります。チラシなどで

不動産会社の社名のわきに「○○県知事または国土交通大臣（数字）第○○○○号」という表示の宅建免許番号が必ず載っています。まず、初めの知事と大臣は、不動産会社の事務所が１つの都道府県だけの場合は「**知事**」で、複数にまたがる場合は「**国土交通大臣**」となっています。

　次のカッコ内の数字が、不動産業を営んできた期間を示しています。不動産業を営むためには許可が必要ですが、初めて免許をもらうとカッコ内の数字が（１）と表示され、５年ごとに更新が必要になり、問題がなければ数字が増えて行きます。つまり、（１）は営業実績が５年以内、（２）は５年から10年以内ということになります。ただし法律の改正により、90年までは更新が３年ごとだったので、カッコ内の数字が３より大きい場合は少し計算が変わりますが、**数字が大きければ大きいほど実績はある**ということです。カッコ内の数字は、知事から大臣免許への変更や会社の分割などの場合は、新たに免許申請する関係で、長く営んできた会社でも（１）になってしまいますので、あくまでも一つの判断材料であり、絶対的な指標でないことをお断りしておきます。

　社名を聞いたことのある不動産会社ならまだしも、全く聞いたことのない不動産会社で不安な場合は、別な方法として、監督官庁に備え付けられている「**業者名簿**」を閲覧する方法があります。各都道府県庁の不動産会

【宅地建物取引業者の標識】

宅　地　建　物　取　引　業　者　票		
免　許　証　番　号	国　土　交　通　大　臣　　　　知　事（　　　）第　　　　　号	
免　許　有　効　期　間	年　　　月　　　日から　　　　　年　　　月　　　日まで	
商　号　又　は　名　称		
代　表　者　氏　名		
この事務所に置かれている専任の取引士の氏名		
主たる事務所の所在地	電話番号（　　　　）	

社を管轄する窓口に行くと、誰でも閲覧できます。記載されている内容は、過去5年間の取引実績・資産状況や財務内容・過去の行政処分歴などですので、どのような取引を行ったか、問題がないかなどを探ることになります。東京都では、インターネットのホームページにも掲載していますので気軽にアクセスしてみてください。

　宅建免許番号や業者名簿から不動産会社の信頼性を探る方法も、あくまでも参考となる一つの指標です。何と言っても、不動産会社を訪問した際に、自分自身で店の雰囲気や営業マンの対応態度を感じ取り、信頼性に足りる会社かどうかを判断することがポイントとなります。営業マンがこちらの希望内容も聞かずに物件を勧めてきたり、明らかに希望と異なるものを勧めてきたら、要注意です。

ワンポイントコラム

＜信頼できる業者を選ぶ＞

　不動産会社の店舗に相談に行くと、**「アンケート」**や**「顧客カード」**などを記入する方法で、住所や氏名を聞かれますが、まだ何も相談していないうちから記入だけを強要するようであれば、たとえ雰囲気が悪くなってもはっきり断りましょう。不動産会社の物件情報が**「財産」**であるように、皆さんの個人情報も大切な財産であることをお忘れなく。

　もちろん、情報をしっかり提供してくれると思った不動産会社には、きちんと必要な情報を伝えましょう。

3 仲介手数料の仕組み

　既存住宅の売買を不動産会社に仲介してもらう場合、取引が成立すると仲介報酬として成約価格の 3％プラス 60,000 円（税別）を上限とした手数料を、不動産会社に支払わなければなりません。この「**プラス 60,000 円**」という金額は、取引金額の 200 万円までが 5％、200 万円を超え 400 万円までが 4％で、400 万円を超える部分が 3％というように、金額に応じて率が異なるため発生する金額です。つまり、3,000 万円で取引が成約した場合の不動産会社に支払う仲介手数料の上限は、96 万円に消費税等 8％を加えて 103 万 6,800 円になります。

　この手数料は、媒介報酬として国土交通省の告示に定められており、「**取引が有効に成立した時**」に「**3％プラス 60,000 円（税別）を上限として請求できる**」ことになっています。皆さんが、物件探しを何社かに依頼したとしても、契約した物件を探してくれた会社だけに支払えばいいということは言うまでもありません。

　仲介手数料の 3％プラス 60,000 円（税別）は**上限**ですので、当初からディスカウントしている不動産会社も中には見受けられますが、一般的には上限を請求してくる会社がほとんどです。不動産会社との交渉により、手数料を下げてもらえる可能性もないわけではありませんが、取引金額自体の値交渉を頑張ってもらったほうが、金額的なうまみを得られる可能性が高いでしょう。

　ちなみに、欧米でも不動産会社に支払う手数料はおおむね 3％くらいが相場ですが、契約などの手続きを専門会社に委託する関係で、手数料に加え、別途手続料の支払いが発生します。取引に際して我が国の不動産会社が行ってくれる、「**物件紹介**」「**契約手続**」「**決済引渡し**」に至る業務範囲を考えると、諸外国よりは割安と言えるでしょう。

報酬の支払時期ですが、売買契約を締結した時に50％相当額、決済引渡しをした時に50％相当額を支払うように請求されるのが一般的です。ちなみに、物件を売却した売主についても、売却を依頼して成約させた不動産会社に対して仲介手数料を支払います。皆さんが契約した不動産会社が、直接売主から売却の依頼を受けていれば、買主と売主の両方から手数料をもらえることになります。これを不動産業界用語で「両手(りょうて)」と言います。

　新築マンションなどで、売主や販売代理会社が直接販売している場合には、仲介手数料は必要ないので、既存住宅を購入する時には損したような気持ちになります。しかし、実際は新築物件においても販売のための手間は同じようにかかっていて、新築価格の中に手数料に見合う費用が含ま

【不動産会社に支払う媒介報酬（仲介手数料）額】

取引金額	上限額
200万円以下の部分	5％以内の額
200万円を超え400万円以下の部分	4％以内の額
400万円を超える部分	3％以内の額

※別途消費税等が加算されます。

★取引金額が400万円を超えるときは、簡易計算法で計算できます。

媒介報酬（仲介手数料）の上限額	
簡易計算法	消費税等抜きの取引金額×3％＋6万円

※別途消費税等が加算されます。

《計算例》
取引金額が3,000万円の場合の媒介報酬額の上限
　（200万円×5％）＋（200万円×4％）＋（2,600万円×3％）＝96万円
簡易計算法
　3,000万円×3％＋60,000円＝96万円＋消費税等

ているというだけのことなのです。既存住宅においても、取引価格を手数料の3％程度上乗せして（価格と手数料を別々にしないで）考えれば、新築と同じような見方ができます。

なお、2004年4月より消費税込みの総額表示方式がスタートしたことにより、仲介手数料も法令では消費税8％（2014年12月現在）を含めて下記のように表示されています。

取引金額	報酬上限額
200万円以下の部分	5.4％以内の額
200万円を超え400万円以下の部分	4.32％以内の額
400万円を超える部分	3.24％以内の額

（2014年12月現在）

消費税が加わると、掛ける％に小数点があってわかりづらいため、ここでは、税抜きで説明しました。仲介手数料も消費税の対象であることを忘れないようにしてください。

ワンポイントコラム

＜プラス6万円の正体＞

仲介手数料は、「**成約価格の3％プラス6万円**」に消費税を加えた金額が上限、ということはご理解いただけたと思います。なお、この「プラス6万円」の正体がわかりづらかった方のために説明しますと、仲介手数料の算定基準となる取引金額が3段階に区分されていて、取引金額の400万円までの部分を下記のように計算したものとなっています。

【200万円までの部分】
　　　5％－3％＝2％　→　200万円×2％＝**4万円**
【200万円を超え400万円までの部分（200万円相当）】
　　　4％－3％＝1％　→　200万円×1％＝**2万円**
4万円＋2万円＝6万円（これが正体！）

4　情報収集の進め方

　情報収集の始まりは広告からになりますが、その種類としては折込みチラシ・住宅情報誌・新聞広告・宅配チラシ・インターネットなどがあります。特に最近ではインターネットの利用も進んでおり、「既存住宅成約者アンケート」によりますと、購入者の中で、情報収集にインターネットを利用した人は約8割にまで増えてきました。

　既存住宅の広告で目に触れやすいのが、新聞に折り込まれてくるチラシで、カラー写真付きのものや一色のものまでいろいろあり、折り込まれる日は土曜日の朝刊が一番多いようです。既存住宅の購入検討者は、一般的にその物件の周辺地域に住んでいる方々が多いため、不動産会社としては特定のエリアに重点的に広告できる新聞折込みに、広告のウエイトを置いている会社が多く見られます。

　それだけに、どのチラシも折り込まれるたびに、じっくり見ることをお勧めします。毎回見ていると、不動産会社によっては物件の種類や所在などに特徴があることがわかってきて、自分の希望と合う不動産会社や合わない不動産会社もわかってくると思います。

　自分の住んでいるエリア以外も含めて情報収集する場合には、掲載量の多い住宅情報誌をお勧めします。沿線や特定の駅周辺ごとにどのような物件が多いかを把握したり、エリアごとの相場感をつかんだり、そのエリアにどんな不動産会社があるかなど、視点を変えた情報収集にも役立ちます。ただし、既存住宅の物件は、帯状のスペースに文字だけで表示されていることが多く、外観写真や間取りが掲載されていても小さくてわかりにくい場合がほとんどですので、興味の持てる物件があれば不動産会社に詳しい資料を請求することになります。

　ポストに投函される宅配チラシは、不動産会社の営業マンが自分で作

成・印刷して、さらに自ら配ることもよく行われています。それだけに、営業マンがターゲットと思えば毎日でもポストに投函され、単なるやっかいなゴミと思っている住民の方も多いと思います。営業マン自身の紹介が載っている場合もあり、何回か投函されたチラシを見て、信用できると思えば問い合わせてみるのもよいでしょう。

　インターネットを使っている方であれば、住宅探しにこんなに役立つものはありません。不動産売買のウェブサイトには、大きく分けて２つの種類があります。１つは、いくつもの不動産会社の情報を一同に集めて網羅的に物件情報を公開しているもので、もう１つは、各不動産会社が独自に運営して物件情報を公開しているものです。

　前者の代表的なサイトが**「不動産ジャパン」**で、国内に４つある不動産業団体の情報サイトに掲載された物件が、すべて網羅され検索できます。大きな不動産会社から小さな不動産会社まで幅広く掲載されているため、いろいろなサイトを見る必要がなく便利です。物件情報に加え、購入に際しての各種お役立ち情報も多く掲載されています。

　不動産ジャパンに限らず、これらのサイトは複数の不動産会社の物件を一度に見られるのがメリットです。ただし、掲載物件数の多いことはいいことなのですが、ひとつの物件をいくつもの不動産会社が登録していると、売却物件がひとつにもかかわらず複数出てきてしまうことがあります。同じ物件なのに、価格や駅からの徒歩時間などが異なって掲載されていることも見受けられます。これらのサイトは、マーケットを広く見たい時に利用すると役立ちます。

　もう一方の各不動産会社のサイトは、各社が工夫をこらした内容になっています。物件数は前者の網羅的サイトに比べ少ないとはいえ、多くの会社では検討するに十分な数の物件が掲載されています。また、物件の外観や室内を動画で紹介したり、様々なアクセスランキングが出せたり、知りたい情報がわかりやすく掲載されていたりと、購入に際して役立つ情報が載せられています。

なお、網羅的なサイトを中心に、物件情報だけに限らず役立つ情報の掲載されているウェブサイトを挙げておきましたので参考にしてください。それぞれのサイトによって、得なエリアや得意な物件などいくつかの特徴があります。

不動産ジャパン	http://www.fudousan.or.jp/
ホームナビ	http://www.homenavi.or.jp/
ハトマークサイト	http://www.hatomarksite.com/
ZeNNET	http://www.zennet.zennichi.or.jp/
Yahoo！不動産	http://realestate.yahoo.co.jp/
＠nifty不動産	http://myhome.nifty.com/
HOME'S	http://www.homes.co.jp/
SUUMO	http://suumo.jp/
アットホーム	http://www.athome.co.jp/

不動産の購入に当たってのインターネットの利用目的ですが、初期段階での物件選別に使われることが最も多く、加えて相場を確かめることに使われています。不動産は実物を見ないことには本当の状況を知ることは難しいことを前提に、それぞれのサイトの特徴を知って、上手に利用してください。

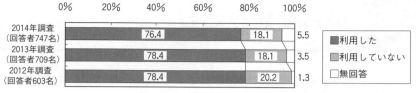

資料:(一社)不動産流通経営協会 2014年調査

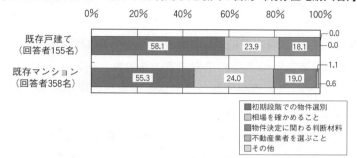

資料:(一社)不動産流通経営協会 2013年調査

> **ワンポイントコラム**
>
> **＜カラーチラシの情報鮮度＞**
>
> 　新聞に折り込まれる既存住宅の広告の中で、カラー写真が掲載されているキレイで見やすいチラシは、製作するのに2〜3週間かかりますが、1色か2色のチラシは1週間もかからずに作成されています。つまり、チラシにもよりますが、1〜2色の少々安っぽく感じられるチラシのほうが**情報の鮮度は高い**と言えます。

5 広告を読み込む

　多種多様の不動産広告から情報を得ていく際に、その見方を間違えるととんでもないことになりますので、注意しなくてはなりません。「日当たり良好」「掘り出し物・格安物件」などのキャッチフレーズや、完成予想図や写真などのビジュアルに惑わされることのないように気を付けましょう。

　不動産広告の内容や表現については、「不当景品類及び不当表示防止法」「宅地建物取引業法」の2つの法律で定められたルールに基づいていることに加え、業界の自主規制である「不動産の表示に関する公正競争規約」により様々な規制を受けています。

　どんなにスペースの小さい場合でも、最低限掲載しなくてはならない項目が決められており、その項目をすべて見れば、最低限の状況がつかめるようになっています。ところが悪質な広告では、良いことはすぐ目を引くように大きく、不利なことは見つからないように小さく、時には省略されて表示されていたりしますので、見落としがないようにじっくり見なくてはなりません。

　表現の仕方についても、「日本一」「格安」「特選」といった基準のあいまいなものは使えないことになっていますので、もし広告で見かけたらその不動産会社は避けたほうがいいでしょう。さらに悪質なケースとしては、「すでに売れてしまったもの」や「売れないもの」などを掲載するといった「オトリ」のケースもありますので、不動産会社に問い合わせをして、広告されている以外の物件をあいまいに紹介されたら要注意です。また、道路の電柱などに針金で付ける看板は、道路交通法などで完全に禁止されていますので、電柱看板を見かけたら、不良業者と思ったほうがよいでしょう。

　既存物件の広告は、新築に比べて1物件に割かれるスペースや掲載項目

が少なく、なかなかイメージしにくいのが現実です。どの不動産会社でも、1つの既存物件ごとにＢ４サイズの用紙に情報を掲載した「物件資料」を用意していますので、広告で気になる物件があったら、不動産会社にこの資料を請求してみましょう。

そして、物件資料といえども当該物件のすべての情報が網羅されているわけではないので、不明なことはどんどん質問しましょう。広告や物件資料で物件状況を見分けられることが、良い住宅探しの第一歩です。

良い物件の広告には、周辺環境なども含めて、たくさんの情報が掲載されているものです。以下に、**広告を見る際のチェックポイント**を記します。

【広告を見る際のチェックポイント】

業者の取引形態	売主、媒介（仲介）、代理の別が表示されているか。
業者の免許証番号	無免許業者とは取引しない。
所在地	丁目まで表示されているか。
交通等の利便	最寄駅から物件までの徒歩やバスの時間。（徒歩所要時間は80ｍを1分として計算している。バスは日中の所要時間のため、ラッシュ時は異なる場合もある）
前面道路の状況	＜土地の場合に表示＞ 公道か私道か、また私道負担・セットバック（詳細はP.140）はあるか。
権利	通常は所有権。賃借権、地上権などの場合もある。
地目	通常は宅地。違う場合は要注意。
法令に基づく制限	用途地域や建ぺい率など。 市街化調整区域の場合は要注意。
設備	ガス・上下水道などを表示する。
引渡し時期	具体的に記載されている場合は、自分のスケジュールと合うかを確認する。
マンションの専有面積	壁の内側（内法）から測る登記簿面積と壁の中心から測る壁芯面積の2つの表示方法がある。新築時は壁芯面積で表示され、壁芯のほうが広く表示される。

【不動産会社が使う物件資料の例】

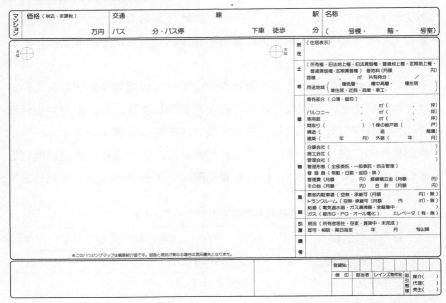

※実物はB4サイズ

> **ワンポイントコラム**
>
> **＜物件探しには朝日と読売!?＞**
>
> 　既存住宅の広告で多く使われているものの1つが、新聞の折込みチラシです。それも、朝日新聞と読売新聞に集中していますので、物件探しの間だけ新聞を替えてみるのも有効です。また、情報収集で今一番便利なのがインターネットです。不動産会社も情報量や質の向上に力を入れており、資金計算や税務相談など実用的に使えるサイトが多くなっています。

6　価格の見方

　不動産を探す時に、最も不安になるのが**価格が妥当かどうか**という点です。自分が興味を持っている物件や契約しようとしている物件が割高ではないかと思ったり、少しでも安い価格で買いたいと思うのは当然です。

　既存住宅の価格は、「取引事例比較法」といって、周辺における直近の類似物件の成約事例などを基にして、土地と建物を分けて不動産を構成する要素ごとに、その事例と点数をプラスマイナスして不動産会社が査定をします。この不動産会社が行う査定は、鑑定評価と異なり、売買市場に出した時点での成約見込価格です。国土交通省の指導により公益財団法人不動産流通近代化センターが作成した**「価格査定マニュアル」**に基づいた査定をほとんどの不動産会社が行っており、多くの場合は、査定価格に多少上乗せした金額が売出し価格になっているのが実情です。

　このような過程を経て決められる売却希望価格を見ますと、とんでもなく高いものはほとんど見当たりません。売れるかどうかはマーケット次第ですので、仮に高い価格で売り出しても誰も見向きもしてくれないからです。よほどの人気物件でない限りは、ほぼ平均的な相場で契約に至ることになります。

（1）土地の価格構成要素

　さて、価格の構成要素について、土地から見てみましょう。まず、土地が面している道路の方位で、真北がゼロ、真南がプラス8ポイント、真東がプラス3ポイント、真西がプラス2ポイントと格差がつきます。ちなみに「ポイント」は「％」と考えるとわかりやすいです。これは、例えば北向きの土地が100万円だとした場合、南108万円、東103万円、西102万円ということになります。角地はさらにプラスされ、東南角地はプラス12ポイントとなります。方位の振れ方や道路の幅、複数の接面道路、舗

【査定結果の例「価格査定マニュアルより」＜土地＞】

項目名		査定地情報	評点	事例地情報	評点
1．交通の便					
徒歩圏・バス圏		バス圏		バス圏	
	徒歩圏 徒歩分				
	バス圏 バス分	15分以内	−10.0	15分以内	−10.0
	バス停まで徒歩分	5分	±0.0	3分	＋2.0
	バス運行頻度	1時間に13便以上	＋3.0	1時間に13便以上	＋3.0
2．近隣の状況					
店舗への距離		徒歩10分以内にあり	±0.0	徒歩10分以内にあり	±0.0
公共施設利用の利便性		普通	±0.0	普通	±0.0
街並み		優れる	＋5.0	やや優れる	＋3.0
近隣の利用の状況		優れる	＋5.0	普通	±0.0
3．環境					
騒音・振動		なし	±0.0	なし	±0.0
日照・採光等		優れる	＋5.0	普通	±0.0
眺望・景観		普通	±0.0	普通	±0.0
4．供給処理施設					
排水施設		公共下水・集中処理	±0.0	公共下水・集中処理	±0.0
ガス施設		引込済・引込容易	±0.0	引込済・引込容易	±0.0
5．街路状況					
方位		振れ角45度・角地：南東・南西	＋10.5	振れ角0度・二方道路：東・西	＋7.0
幅員		5m以上6m未満	＋2.0	6m以上	＋3.0
路面の状況		良い	±0.0	良い	±0.0
周辺街路の整備・配置		計画的で整然	＋3.0	計画的で整然	＋3.0
6．画地の状況					
間口		13.0m（私道行き止まり）	−5.0	15.0m	±0.0
形状		整形	±0.0	整形	±0.0
7．その他画地の状況					
路地状敷地		該当しない	±0.0	該当しない	±0.0
	路地状部分の奥行	m		m	
	路地状部分の面積	m²		m²	
崖地・法地		含まない	±0.0	含まない	±0.0
	崖地・法地部分の面積	m²		m²	
	利用可否				
	崖地・法地方位				
都市計画道路予定地		影響なし	±0.0	影響なし	±0.0
高圧線下地		該当しない	±0.0	該当しない	±0.0
	該当部分の面積	m²		m²	
	該当部分の減価率	％		％	
前面道路の高低差		支障なし	±0.0	支障なし	±0.0

資料：（公財）不動産流通近代化センター

【前面道路の方位による、土地の査定ポイントの格差（大都市圏）】

```
┌─────┬─────┬─────┬─────┐                    ╱+5╲
│ +3  │ +0  │ +4  │ +8  │                ╱+0.75│+1.5╲
├─────┼─────┼─────┤     │            ╱ +5.5 │+5.5│ +8 ╲
│ +2  │ +3  │     │ +7  │        ╱+10.5│+4.75│+5.5│ +9 ╲
├─────┼─────┼─────┼─────┤        ╲ +5.5│+10.5│ +7 ╱
│ +11 │ +8  │ +13 │ +16 │            ╲+12.5│+13.5╱
├─────┼─────┼─────┼─────┤                ╲+13.5╱
│ +14 │+9.5 │ +15 │ +16 │
└─────┴─────┴─────┴─────┘
```

資料：（公財）不動産流通近代化センター
「土地価格査定マニュアル」より

装状況等の要素も加味されます。

さらに、最寄駅からの徒歩時間やバス時間、最寄りの商業施設、土地の形や間口の広さ、排水やガスの施設、街並みや住民から嫌われるゴミ集積所などの嫌悪施設の状況、騒音や振動、日照や通風状況、崖地や法地などの要素を加味したうえで算出します。

（2）建物の価格構成要素

建物については、**「屋根」「外壁」「柱」「内装」「設備」**の5項目に分けて、各項目を仕様によって大きく3等級に区分してポイントを出します。このポイントに、査定対象建物と同様の新築住宅を建築して想定される標準建築費単価と、建築されてからの経過年数、リフォームの状況などの要素を加えて査定します。

ちなみに、リフォームを全くしないでおくと、建物のグレードによっては建築してから15～20年くらいで、残りの価値である残存価格がゼロとなる場合もあります。

（3）マンションの価格構成要素

マンションの価格構成要素は、土地と建物を合わせたものに管理状況などが加わります。

大きな要素としては、建築されてからの経過年数と開口部の方位です。建築経過年数では10年を基準ゼロとして、築5年でプラス10ポイント、築15年でマイナス10ポイントとなります。仮に築年数以外の条件が同じマンションで比較した場合、築10年で2,000万円の場合、築5年は2,200万円、築15年は1,800万円ということになります。また開口部の方位によって、10ポイント程度の格差がつきます。

　立地としては、最寄駅からの所要時間、徒歩圏かバス便か、周辺環境などを加味します。建物の状況としては、エントランス、外壁の仕上げ材、部屋の形状（梁・柱・天井高など）、遮音や振動、バルコニーの広さ、日照・通風の状況などを加味します。

　管理状況としては、管理員の勤務形態、管理組合の活動、保守・清掃の程度などを加味します。

【マンションの評点例（開口部の方位）】

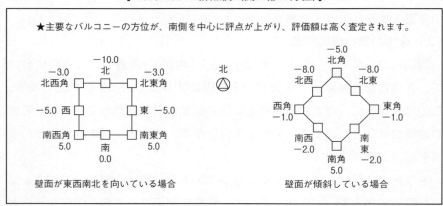

資料：（公財）不動産流通近代化センター

> ワンポイントコラム
>
> **＜価格が下がった物件＞**
>
> 　売り出されている既存住宅の価格が下がることがあります。これは売り出してからの反響がよくないために、当初の価格では売却が難しいと判断したからです。価格が下がった物件は、物件自体が悪いわけではなく、単に価格が高すぎた場合がほとんどですので、再検討する価値があります。

7　諸費用には何がある？

　既存住宅を購入する際には、物件の売買代金に加えて、必要となる以下の内容の諸費用があります。金額については個々の購入条件によって大きく異なりますが、大まかに税金と諸費用を合わせて、**購入価格の7～8%くらい**と考えてください。購入するに際しては、必ず不動産会社に事前にきちんと確認したうえで、契約に臨んでください。
　以下に、不動産価格以外に諸費用としてかかるものを記します。

(1)　**仲介手数料**
　　成約価格の3％＋6万円（別途消費税および地方消費税がかかります）

(2)　**ローン諸費用**
　　銀行ローンを借入れする場合に、事務手数料と借入金の返済保証をする保証料がかかりますが、金融機関や借入条件などによって費用の種類や金額が異なります。

　　●ローン事務手数料・・・3～5万円程度
　　●ローン保証料　・・・・・返済期間30年間の場合ローン借入額100万円当たり2万円程度。1,000万円30年間の借入で20万円程度になります。

(3)　**司法書士費用**
　　登記手続の際の司法書士への報酬や書類取得費用・交通費などがかかります。

(4)　**税金**
　　住宅の場合は、印紙代、登録免許税、不動産取得税などについて、課税額を低く優遇する軽減措置が設けられています。ただし、この措置は通常時限的な設定となっていて、内容が時々によって変わりますので、ご注意ください。

●印紙代

　不動産売買契約書やローンを組む時の金銭消費貸借契約書に貼る印紙です。

契約金額	印紙代
500万円超〜1,000万円まで	1万円（5千円）
1,000万円超〜5,000万円まで	2万円（1万円）
5,000万円超〜1億円まで	6万円（3万円）
1億円超〜5億円まで	10万円（6万円）

＊不動産売買契約書は、2018年3月末までは（　）内の軽減税率が適用されます。

●所有権移転の登録免許税

　所有権を売主から買主へ移す登記の際に納付する税です。

　＜税額＞固定資産税評価額×2％（土地については、2015年3月末まで1.5％。また軽減措置の適用になる場合があります）

●抵当権設定登記の登録免許税

　住宅ローンなどを借入れした場合に、金融機関を抵当権者として登記しますが、この際に納付する税です。

　＜税額＞ローン借入額×0.4％（軽減措置の適用になる場合があります）

●不動産取得税

　不動産を取得した際に1回だけかかる税金で、取得してから課税されます。

　＜税額＞固定資産税評価額×4％（軽減措置の適用になる場合があります）

※固定資産税評価額は、一般的に不動産売買価格より低いことが多い。

●固定資産税

　毎年1月1日時点の土地・建物などの所有者に対して課税され、取引時は引渡日を境に売主と精算します。以降は毎年課税されます。

＜税額＞固定資産税評価額×1.4%（軽減措置の適用になる場合があります）

●都市計画税

都市計画区域内にある土地・建物などの毎年1月1日時点の所有者に対して課税され、取引時は固定資産税同様に引渡日を境に売主と精算します。以降は毎年課税されます。

＜税額＞固定資産税評価額×最高0.3%（軽減措置の適用になる場合があります）

(5) **火災保険料**

住宅ローンを借入れした場合は、金融機関から必ず火災保険をかけることが求められます。建物の築年数・地域・構造によって保険料は変わります。

(6) **その他必要に応じてかかる費用**

その他購入された方の必要に応じてかかるものとして、引っ越し費用、増改築・リフォーム費用、家具・家電・インテリアなどの購入費用、ハウスクリーニング費用、建物性能検査費用などがあります。

次に、金銭の支払時期についてみてみます。

売買契約を締結する時に必要な金銭は、

---

① **売買契約の手付金**・・・契約金額の5～10%が目安
② **売買契約書に貼付する印紙代**
③ **不動産会社に支払う仲介手数料の半金（50%）**

決済を行う時に必要となる金銭は、

> ① **売買代金の残額**・・・手付金が 10％であれば、売買代金の 90％
> ② **登記関係諸費用**
> ③ **公租公課 (固定資産税や都市計画税等) の精算金**
> ④ **管理費等の精算金（マンションの場合）**
> ⑤ **不動産会社に支払う仲介手数料の残額（50％）**

諸費用を十分考慮に入れて、購入計画を立ててください。

ワンポイントコラム

＜物件の絞り込みができたら＞

①諸費用の算出

　購入物件の絞り込みができたら、購入申込みをする前に必ず諸費用を不動産会社に算出してもらいましょう。その物件を購入するためにかかる諸費用について、不動産取得税など不動産会社を経由しないものも含めて、項目ごとの金額がわかるようにきちんと書面でもらうことをお勧めします。

②実は安い印紙代

　不動産売買取引には、普段はあまり気にすることのない印紙の貼付が必要です。売買契約書や領収書がその対象ですが、その中でも売買契約書に貼る印紙代の高額なことに驚かされます。印紙は定められた一定の書類に貼ることで、印紙税の納付義務が果たされます。また、高額と思われている売買契約書に貼る印紙は、2018 年まで軽減措置が講じられていて、実はこれでも通常より安くなっているのです。

【不動産価格以外に諸費用としてかかるもの】

個々の購入条件によって金額は大きく異なりますが、大まかに税金と諸費用を合わせて、購入価格の7～8％くらいが目安です。

仲介手数料	成約価格の3％＋6万円（別途消費税等がかかります）
ローン諸費用 ●事務手数料 ●保証料	3～5万円程度 返済期間30年間の場合、ローン借入額100万円当たり2万円程度
司法書士費用	登記手続の際の司法書士への報酬や書類取得費用・交通費など
税金 ●印紙代	〈税額〉契約金額　500万円超～1,000万円まで　1万円 　　　　　　　　　　　　　　　　　　　　　（5千円） 　　　　　　1,000万円超～5,000万円まで　2万円 　　　　　　　　　　　　　　　　　　　　　（1万円） 　　　　　　5,000万円超～1億円まで　6万円 　　　　　　　　　　　　　　　　　　　　　（3万円） 　　　　　　1億円超～5億円まで　10万円 　　　　　　　　　　　　　　　　　　　　　（6万円） ＊不動産売買契約書は、2018年3月末までは（　）内の軽減税率が適用されます。
●所有権移転登記の登録免許税	〈税額〉固定資産税評価額×2％ （土地については2015年3月末まで1.5％。また、軽減措置の適用になる場合があります）
●抵当権設定登記の登録免許税	〈税額〉ローン借入額×0.4％ （軽減措置の適用になる場合があります）
●不動産取得税	〈税額〉固定資産税評価額×4％ （軽減措置の適用になる場合があります）
●固定資産税	〈税額〉固定資産税評価額×1.4％ （軽減措置の適用になる場合があります）
●都市計画税	〈税額〉固定資産税評価額×最高0.3％ （軽減措置の適用になる場合があります）
火災保険料	住宅ローンを借入れした場合に必要です。保険料は建物の築年数・地域・構造によって変わります。
その他必要に応じてかかる費用	引っ越し費用、増改築・リフォーム費用、家具・家電・インテリアなどの購入費用、ハウスクリーニング費用、建物性能検査費用などがあります。

第2章　大切な基礎知識

まとめ

❶　購入の流れは、どの不動産会社を選んでもほぼ同じ。流れのポイントとして、「**安くて良質な物件を見つけること**」と「**安全に取引を進めること**」の2つがある。

❷　全国で約12万社ある不動産会社は、大手や中小それぞれに特徴があるが、宅建免許番号や業者名簿などいろいろな手段を使って確かめ、信頼のできる会社を見つけよう。

❸　取引が成立すると、仲介を成約させた不動産会社に対して、報酬として**3％プラス6万円（税別）**を上限とした手数料の支払いが発生する。

❹　広告は、折込みチラシ・住宅情報誌・新聞広告・宅配チラシ・インターネットなどがあり、それぞれの特徴を理解して上手に情報収集しよう。

❺　不動産広告はルールに則って記載されているが、不利なことは小さく表示されていたりするので、見落としがないようにじっくり見よう。

❻　既存住宅の価格は、不動産会社が売買市場に出した時点での成約見込み価格である査定額を出し、その価格に多少上乗せした金額が、売出し価格になっているのがほとんど。

❼　既存住宅を購入する際には、個々の購入条件によって異なるが、大まかに税金と諸費用を合わせて**購入価格の7～8％**くらいの諸費用が必要。

第3章 物件の上手な探し方

1 買い時はいつなのか？

　住宅購入を検討している方からよく聞かれるのは、**「家はいつ買ったらいいか？」**という質問です。衝動買いではなく資金的裏付けがあれば、私はほとんどのケースで**「今が買い時です」**と答えています。

　何でもそうですが、「欲しい」という気持ちが一番大切だと考えているからです。広い家に住みたい、便利なところに住みたい、子供部屋が欲しい、環境のいいところに住みたいなど、家族の欲求の高まった時が、とにかく買い時なのです。購入した後に何らかの事情の変化があって、購入したことを振り返ることがあったとしても、あの時は「欲しい」から買ったんだという思いが強ければ、絶対に後悔することはありません。

　「欲しい」という欲求に加え、もちろん購入能力も最低限必要な条件です。預金がある程度貯まり、住宅購入資金に回せる余裕があるとか、親からの資金援助が得られたとか、家賃支払を考えると住宅ローンの返済が可能であるとか、家計に住宅ローン返済の余裕があるなど、資金的な裏付けがなければ購入はできません。

　購入価格の全額を融資する100％ローンもありますが、いざという時に購入物件を売却しても、たとえ価値が下がってもローンの残債を返却できるようにするために、**頭金は購入価格の2割以上を目安に準備**したいものです。これに加えて諸費用も必要になりますので、理想的には**借入金を除いて購入価格の3割以上の資金が目標**です。もちろん返済できるだけの収入があれば、融資金額を増やすことができます。しかし、何よりも不動産会社で十分な資金相談をしたうえで、自分の身の丈に合った購入計画を立てることが、快適なマイホームの実現に結びつきます。

　住宅を購入する際には、ほとんどの方が長期の住宅ローンを組みますが、長期のローンを組むということは、住宅購入が買った時だけで済まず、そ

の後の生活も考慮に入れる必要があるということです。子供の誕生や成長によって家計に占める教育費や養育費が大幅に増えること、ご主人の転勤など勤務の都合、年老いた親を引き取らないといけないといった、ある程度予想されることをよく思い描いたうえで、マイホーム選びをしなくてはなりません。こういう世の中ですので、家計の将来についてもあまり収入が増えることを前提に考えるよりも、少しキツめに考えることをお勧めします。

これに加えて考える要素としてあるのは、経済情勢とか不動産市況といった広く一般的な社会的事情があります。小幅な変化というよりも、景気が急激に後退するため収入が格段に減りそう、不動産価格が大幅に下落する、金利水準が大幅に下がるといった大きな変化が見込まれ、明らかに今は購入しないほうがよいと判断される状況です。社会的事情については、金利や地価の多少の変化といったことまであまり細かく考えすぎると、かえって購入のタイミングを逃すことになりますので、5年から10年くらいの中期的な見方をしたほうがよいでしょう。

ちなみに、現在の社会情勢はといいますと、バブル崩壊から続いてきた地価の下落により、2014年の公示価格における三大都市圏での住宅地の地価水準は20年以上前の1984年（昭和59年）レベルまで下がってきています。また、金利の水準も公定歩合が0.3％という史上最低の状況の中で、ローンの融資金利も今までにない低水準になっています。つまり、不動産の購入検討者にとっては、とても買いやすい状況にあると言えます。

「欲しい」と**「買える」**の2つの条件がそろえば、**「買い時」**間違いなしです。長期的なライフプランや返済プランが確認できたら、あとはあせらずじっくりと物件探しに移りましょう。

【住宅地の地価の推移】

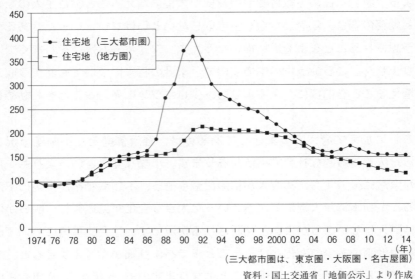

(三大都市圏は、東京圏・大阪圏・名古屋圏)
資料:国土交通省「地価公示」より作成

ワンポイントコラム

<低金利の時は買い時!?>

　住宅ローンの金利は、長い間5〜10%の水準が続いていました。しかし、1990年代中盤に民間金融機関の金利自由化がなされると共に、バブルの崩壊を受けた経済を支えるための政策的な低金利への誘導が続けられてきています。様々な種類が取り揃えられた現在の住宅ローンの金利は4%台以下が中心となっていて、条件を限定すると1%台のローンもあるという状況となっています。

　ちなみに、1,000万円を20年返済で借入れした場合の住宅ローンの返済額を以前の金利と比べてみると、従前の6%ですと月々約72,000円、今の変動金利で多い2.475%では月々約53,000円となり、今のほうが月々19,000円と3割弱低くなっています。

　金利という側面から見ても、低金利の今は買うのが有利な時期と言えます。

2 営業マンとの付き合い方が重要

　自分の希望に沿った良い既存住宅を購入するためには、不動産会社の営業マン次第と言っても過言ではないくらいに、**良い営業マンとの出会いと付き合い方は、既存住宅探しの重要な要素**です。営業マンの情熱とあなたとの信頼関係によって、本当に欲しい物件を探してきてくれるかどうかが決まるからです。

　既存住宅の売主は個人の方がほとんどで、取引するに当たってプロの専門家として様々なことに介入し気楽に相談できるのは、不動産会社の営業マンだけです。購入物件の情報収集をする場合においても、営業マンのコントロールによって、あなたへ紹介される物件の優先順位や物件そのものも変わってしまうこともあり得ます。

　通常、チラシなどの広告物に、新しい物件を掲載するまでは、10日くらいはかかります。少しでも情報の鮮度や質がいい情報を得るためには、営業マンがいち早く生情報をキャッチして、広告などに掲載される前にあなたの元へ届けてくれるようにお互いの信頼関係を築いて、営業マンに大いにやる気を起こしてもらうように仕向けることです。営業マンも気持ちのいい取引を希望しており、この信頼関係づくりはポイントになります。

　既存住宅を取り扱う営業マンは、自分が取引を成約させるほど給与が増える、歩合的な給与体系になっている場合がほとんどです。歩合の程度は不動産会社によって様々ですが、だからと言って今時、強引に売りつけるといったハードな営業をする営業マンに出会ったならば、その不動産会社は絶対に避けなくてはなりません。それだけに、お客であるあなたが受け入れられる営業マンと出会えるように、いくつかの不動産会社を訪問してみるべきです。もし、不動産会社は気に入っているにもかかわらず、営業マンが不慣れなことなどが気になる場合は、責任者に相談して営業マンを

代えてもらうことも考えたほうがいいでしょう。

　営業マンとの付き合い方で、まず心掛けたいのは、営業マンは売り込みをするセールスマンではなく、マイホーム探しの相談者として接するということです。購入条件や希望内容についてできるだけ簡潔にかつ詳しく伝え、営業マンの受け答えする内容についても、耳を傾けるということです。

　あなたの購入条件や希望内容を営業マンによく理解してもらわないことには始まらず、またあなたの希望内容に優先順位を付けないと、現実的に物件が見つからないといったケースもよく見かけます。あなたのたくさんの希望内容について、思い当たる物件があればいいのですが、優先順位の確認もなく、何のアドバイスもしないですべて聞き入れてしまう営業マンだったら、気を付けたほうがいいでしょう。また、他社からの紹介や広告などで既に知っている物件ばかり紹介してくる営業マンがいたら、まだ経験が浅く不慣れか、やる気がないかのどちらかですので、断るか担当者の交代をしてもらうようにしましょう。

　優秀な営業マンは、お客様の話を理解しようと努めますので、あなたの希望条件が多い場合、営業マンがリードして希望条件を絞り込んだり、具体的に物件を紹介しながらあなたの希望内容を把握していき、希望条件のうち、かなえられそうもないものについては適切なアドバイスをしてくれます。それだけに、あなた自身もできるだけ的確に答えていったほうがお互いの希望イメージが一致してきて、結果として希望どおりのマイホーム探しが実現できることにつながります。

　営業マンから見て、付き合いにくいお客様というのは、希望条件がやたらと多く減らそうとしない人、希望条件があいまいだったりしょっちゅう条件を変える人、態度が消極的で購入意欲が伝わってこない人、いばった態度をとるといった方々です。営業マンも人の子ですので、やる気がそがれると、あなたにとってのいいマイホーム探しのパートナーにはなれません。

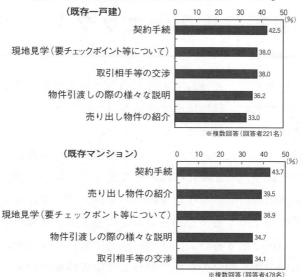

【購入に際して役に立った不動産会社のサービス】

（既存一戸建）
- 契約手続 42.5
- 現地見学（要チェックポイント等について） 38.0
- 取引相手等の交渉 38.0
- 物件引渡しの際の様々な説明 36.2
- 売り出し物件の紹介 33.0

※複数回答（回答者221名）

（既存マンション）
- 契約手続 43.7
- 売り出し物件の紹介 39.5
- 現地見学（要チェックポイント等について） 38.9
- 物件引渡しの際の様々な説明 34.7
- 取引相手等の交渉 34.1

※複数回答（回答者478名）

資料：（一社）不動産流通経営協会 2013年調査

> ワンポイントコラム
>
> **＜こんな営業マンは要注意！＞**
>
> 　こんな営業マンに出会ったら、その不動産会社は避けるべきです。
> - **こちらの希望をはっきりと把握しようとしない。**
> - **希望に合わない物件を強引に勧めてきたり、無理やり案内する。**
> - **こちらの質問をはぐらかしたり、的確に答えない。**
> - **会話がアバウトで、具体的な内容に欠ける。**
> - **言葉遣いがぞんざいで、マナーがなっていない。**
>
> 　また、皆さんも営業マンが対応しにくい、下記のようなお客さんにならないようにしましょう。
> - **希望条件をたくさん言って、営業マンのアドバイスに耳を傾けない。**
> - **営業マンの質問にイエス・ノーをはっきりさせず、あいまいに答える。**
> - **希望条件や内容をしょっちゅう変える。**
> - **営業マンを見下した偉そうな態度で接する。**

3 まず立地をチェック！

　住まい探しをすると、どうしても目がいってしまうのが建物です。でも、極端な言い方をすれば、建物は建て替えたり、リフォームすることはいつでもできますが、土地は替えようがありません。
　駅まで離れていれば、新駅ができない限り駅が近くなることはなく、毎日の買物をするスーパーが遠ければ、そこまで行かないと買物はできません。坂の多い街の坂はなくなりませんし、子供の通う学校までの道に不安があれば、子供が卒業するまで不安はなくならないと考えたほうがいいでしょう。住まい選びをする時に、建物の魅力に魅入られる前に、たとえマンションであっても、**物件の立地が自分の希望条件をかなえてくれているか**をぜひ見てください。
　よくあるケースとして、価格がほぼ同程度の2物件の比較で、最寄駅から徒歩圏の2LDKの物件と、同じ駅からバスで10分の、1部屋多い3LDKの物件との選択です。家族構成が幼稚園と小学校の子供に夫婦だとした場合、今は2LDKで十分ですが、5年くらいの間には独立した2つの子供部屋が必要になることを考えると、3LDKは譲れない条件です。しかしながら、ご主人の通勤を考えると、帰宅の遅いことが多いため、もともと徒歩圏を条件に物件探しをしていたとすれば、徒歩圏とバス便では、住んでからの通勤負担が全く違ってきてしまいます。このような場合は、徒歩圏と3LDKの条件が両立するように、少し奥の駅にするか、全く違った沿線にするなど考え直しをすべきです。
　また、片側の車線が2本も3本もある大きな道路に沿った場所に建つ物件を、週末の土日に見学して、広い道路のせいで日当たりや通風がよく、車の通行量も少なく気に入ったとします。いざ入居してみると、この広い道路を通行する自動車は、近くにいくつかある工場への運搬用が中心で、

平日は大型のトラックが早朝から夜遅くまで絶えず行き交う状況で、騒音・空気とも最悪だったなんてこともあります。**広い道路**は、必要があって広く造られており、たとえ今の交通量が少なくとも、将来は主要幹線としての利用を見込んでいるものもありますので、十分調べたうえで決断すべきです。

　絞り込んだ2物件のうち、日当たりの良い点を重視して選んだつもりが、入居して間もなく隣接する南側の住宅が取り壊されて、新しく建てられた家は日当たりを遮る壁のような造りで、それ以来日照時間はわずかになってしまったということもありました。法律上の日照を確保するための制限はありますが、こちらの建物が南側の隣地に接近していれば、南側の建物が法律制限の範囲内で建てられても、こちらの日照に影響が出てしまうケースは多いものです。特に狭い土地に目いっぱいの建物が建築されている場合は、場合によっては1階の日照はあきらめて、2階だけは確保するなどの考え方も必要になります。どうしても心配な時は、南側の建物が法律上の建築制限いっぱいに建てられた時の限界線を確認しておきましょう。

【立地のチェックポイント】

交　通	○物件から最寄駅まで ・所要時間（徒歩・自転車・バスの場合） ・駅前駐輪場の有無 ・（バスの場合）時間ごとの本数、最終バス ○最寄駅から勤務先（学校）まで ・所用時間（朝と日中） ・時間ごとの本数 ・最終電車の時間
日照確保	○隣接の建物は影響を及ぼさないか ○隣接の空地は建築されても影響はないか ○周辺に影響を及ぼす可能性のある空地や畑はないか

一方、バス便であっても、雨の日でも道が混み合わずスムーズに進むとか、本数がやたらと多いとか、また奥様が駅までは送迎するのが前提などの場合は、価格が安い分お買い得ということになります。また、日照や通風においても、南側が道路や鉄道の場合、価格的には安くなっているため、気にならず割り切れる場合はお買い得ということになります。また、鉄道は夜中運行していないことが多く、道路の交通量も夜は減るところが多いものです。

> ワンポイントコラム
>
> ＜立地の第一印象と天候＞
> 　立地が自分の希望に合っているかを確認するためには、まず、初めて訪れた時の第一印象として感じたものをよく覚えておくことです。次に、時間や曜日や天候の違う時に見てみることです。これらを通じて希望条件と合っているか、第一印象と変わっていないかをその都度確認していき、希望に合っていない条件は許容ができるかを検討します。

4 周辺の環境をチェック！

　住宅の購入は、その家という一つの場所を買うとともに、そこでの生活を営むための地域という周辺環境をも買うことになります。家やマンションがどんなに優れていても、毎日の買物、子供の保育所や幼稚園や学校、病気の時の診療所や病院など、それぞれの家庭に欠かせない周辺施設や周辺環境をよく確認して選択してください。

　車を持っている方であれば、周辺をじっくり運転して観察してみるとともに、近いところは歩いてみることをお勧めします。車をお持ちでない方は、少し無理をしても広範囲に歩いて観察してみましょう。物件の周囲だけが住宅で周辺一帯は町工場のエリアだったとか、開発地の最も奥の場所に位置し、実は寂しい場所だったりすることもあります。近くでゴミ焼却所とか火葬場などの嫌悪施設の建築予定があるために割安であったり、郊外ですと家畜の小屋があって、風向きによっては臭気が漂うといったこともあります。

　悪い部分の発見ばかりを言いましたが、快適な生活が予想されるような良い発見も多くあると思います。周辺の住民の方の様子から、その街の雰囲気がわかる場合もあるでしょう。公園や図書館、児童センターを始めとする公共施設がすぐ近くにあれば、利用する予定のある方にとってはプラスポイントになるでしょう。

　小さなお子様やお年寄りを抱える世帯では、病院や診療所があるだけでなく、診療時間やご近所での評判も大切なチェックポイントです。毎日利用することになるスーパーでは、実際に買物をして、品ぞろえ・鮮度・価格・営業時間や休みなどを確認してみましょう。学校や幼稚園も役所などで規模や状況を確認するとともに、実際に生徒のいる時間に訪問をして見てみましょう。

最寄駅からの電車やバスも、通勤や通学時間に合わせて平日に乗ってみることをお勧めします。混み具合や乗り換えの接続などを確認できるのと、鉄道によっては通勤時間帯だけは、昼間より時間がかかるダイヤを組んでいることや、急行の停車駅が違っていることもあります。

　周辺を歩くことによって、今から住もうとする街の様子がいろいろと見えてくると思います。聞くと見るのとでは大違いで、いろいろな発見があるかもしれません。

【周辺環境のチェックポイント】

生活施設	○スーパーや商店街 ○金融機関 ○診療所 ○総合病院 ○その他必要な施設
教育施設	○幼稚園・保育所 ○小学校 ○中学校 ○その他必要な施設
公共施設	○役所 ○郵便局 ○公園 ○その他必要な施設
嫌悪原因	○騒音・振動の原因はないか（道路・鉄道・工場など） ○悪臭の原因はないか（工場・ゴミ施設・養鶏場など） ○その他の嫌悪施設はないか（ガス施設・広大な空地など）

> ワンポイントコラム
>
> **＜住宅の購入は、「点」ではなく「面」＞**
>
> 　住宅の購入は、該当する物件という「点」ではなく、「面」を買うということを強く意識して選びましょう。例えば、深い森の中に建つ豪華な一戸建を住宅として購入するファミリーはまずいません。環境はいいかもしれませんが、通勤・通学、買物など、生活が成り立たないからです。住宅とともにその周辺がいかに家族にとって価値を感じられるかが重要です。

5 一戸建とマンション、どちらにする？

　以前は、賃貸からマンション、マンションから一戸建という住宅の住み替えが、一つのサクセスストーリーのように言われていました。しかし、マンションでも永住向けの物件が多く出てくるようになり、マンション自体において「終の住処(ついのすみか)」として十分な満足感を得られるようになってきました。

　それぞれの特徴をつかむために、実際の家に入ることをイメージしてみましょう。

　まず、マンションの入口からエントランスへのアプローチを進みます。エントランスホールはマンションの顔ですので、見栄えがするようにつくられており、時には壁や床が石張りだったりします。管理人室には管理人がいて、オートロックドアのため目的の部屋を呼び出したり、自分の鍵で開錠しないと入れないこともあります。

　エントランス脇のポストから郵便物を回収して、エレベーターで自分の階まで上がり、廊下を通って自分の部屋へ向かい鍵を開けて入ります。入口から自分の部屋のドアまでは共用部分といって、このマンション所有者全員の共有の部分になり、部屋のドアから中が専有部分といって、自分だけで使用できる部分になります。部屋の中は、家族の空間として観葉植物やしゃれた置物でキレイに飾り付けられています。

　一方、一戸建住宅ですと、道路から入口の門扉を入り、マイカーを横目に玄関ドアに進み、鍵を開けて建物の中に入ります。時に飼い犬がワンワンと鳴きながら、玄関まで出迎えに来てくれます。応接セットのあるリビングから庭を見ると、植樹された植木の根元で季節の花が咲いています。庭の端では近々同居する予定の一人暮らしの母のために、1部屋増築する工事が進められています。

2つの情景の中に、なるべくそれぞれの特徴を入れてみたつもりです。一戸建ですと、道路から一歩敷地に入るとすべて自分が所有するものであり、自分の管理下に置かれていますが、マンションはエントランスから自分の住戸のドアまではマンション居住者全員で使う共用部分で、自分の住戸のドアを開けて初めて自分が専用に使える部分になります。

　マンションは、鍵1本で気軽に外出ができ、専有部分以外は掃除や管理を管理会社がしてくれるため、利便性が高いのが特徴です。一戸建はといいますと、敷地内は土地・建物ともに改装・改築・建替えなどが自由にできて、庭のあるのが特徴です。

　ただしデメリットとして、マンションは共同で住むためのルールがあり守らなくてはならないことやいくつかの制約があること、一戸建は維持管理をすべて自分の裁量と自己負担で行わなくてはならないことなどの点があります。それぞれの特徴を、次頁の表にまとめましたのでご覧ください。

　このような状況の中で、一戸建を選ぶかマンションを選ぶかという選択肢は、購入価格で言うならもちろんマンションのほうが割安ですので、買いやすいと言えます。また、入居してからのコストは、一戸建ですと駐車料がかからず、マンションは管理費や修繕積立金を毎月支払わなくてはなりませんが、一戸建も維持管理のための費用はそれなりにかかります。

　選択するに当たっては、そこで生活する皆さんのライフスタイルをよく考えて決断するようにしましょう。また、将来買い換える見込みのある場合は、将来の転売も考慮に入れて、売りやすさや資産価値変動の少なさなどの要素も加えて考えたほうがいいでしょう。

【マンションと一戸建の特徴】

	マンション	一戸建
構造	・鉄筋や鉄骨とコンクリートで構成されている。 ・丈夫で長持ち、耐火性も高い。	・木造では日本在来の軸組工法や欧米から来たツーバイフォー（2×4）工法があり、ほかにプレハブ工法などがある。 ・マンションに比べると耐火性や寿命は劣る。
権利関係	・土地は所有者全員の共有。 ・各住戸はそれぞれの所有で、廊下やエントランスなど居住者全員で使う共用部分は専有住戸の面積割合で共有。 ・共用部分の共有持分を勝手に処分できない。	・土地・建物ともに所有者が単独で所有している。 ・土地は借地のケースもある。
維持管理	・共同で住むためのルールがある。 ・管理組合からの委託により管理会社が行う。 ・共用部分のメンテナンスは全体の維持管理費でまかなう。 ・増築や建替えはほとんどの所有者の賛同がないと不可能。	・維持修繕はすべて自分自身で手配し、自己負担・自己責任で行う。 ・増改築や建替えが自由にできる。
メリット	・冷暖房の効率がよく、冬は暖かい。 ・鍵1本で施錠でき、管理人やオートロックなど防犯性が高い。 ・共用施設があれば利用できる。 ・専有部分を除き維持管理を計画的に行ってもらえる。 ・共用部分の清掃は管理会社で行う。 ・駅に近いなど立地の良い物件が多め。	・敷地内の利用や改変は法律の範囲内であれば自由にできる。 ・庭がある。 ・窓が多く確保でき、日照通風に優れている。 ・建物が老朽化しても、土地は残る。 ・ペットを自由に飼える。 ・騒音トラブルがほとんどない。 ・管理費・修繕積立金・駐車料等を毎月支払わなくてもよい。
デメリット	・管理費・修繕積立金・駐車料などが毎月かかる。 ・上下左右の居住者と騒音トラブルが起きやすい。 ・駐車・駐輪スペースが不足することがある。	・維持管理を自分自身の裁量で行わなくてはならない。 ・冬はマンションに比べて寒い。 ・購入時にかかる税金の軽減措置がマンションに比べ少ない。
既存住宅平均成約価格（2013年首都圏平均） (公財)東日本不動産流通機構調べ	2,589万円 一戸建に比べると安い。	2,921万円 マンションより高め。

ワンポイントコラム

＜メゾネットタイプ＞

　一戸建は欲しいけど、予算的にマンションしかないという場合は、マンションの中でも少しでも一戸建の要素を持ったものを探します。マンションでも1階であれば、子供が跳びはねても下階を気にする必要もなく、専用庭が付いていればガーデニングができます。ペットを飼いたい時は、ペット飼育可の物件を探しましょう。マンションでも、3階建で各住戸が縦に羊羹切りに区切られ、3階までで1住戸となった造りの**「メゾネットタイプ」**もあり、一般のマンションに比べ一戸建に近い良さも取り入れられています。

【メゾネットタイプの例】

専用庭　専用庭　専用庭

6 建物の築年数の見方

　既存住宅を検討する際に、建築されてからどのくらいの年数が経過しているかはとても気になる点だと思います。購入する側としては、建築されてからの期間が短く、少しでも新しいほうがいいに決まっています。実際には、マンションでも一戸建でも見た印象だけではなかなかわかりづらく、見た目の割には古いとか新しいということがあるように、物件の状況は、管理や手入れの仕方によって、建物の築年数以上に大きく影響してきます。

　特にマンションの場合は、建築されてから10～15年くらいたつと建物全体にかかわる大規模な修繕を実施し、この時にタイル仕上げのものも含み、外壁全体の塗り替えなどを行います。この大規模修繕実施の前と後では、見た印象も全く異なり、反響の良くなかった売却物件のマンションが、大規模修繕後は購入検討希望者が増えるといったこともあります。

　建築された時期を見る時に気を付けなくてはならないこととしては、**建築基準法の耐震基準が大幅に改正された1981年（昭和56年）以降に建築されたものかどうか**という点です。また、それ以前の建築については、建築基準法の耐震基準が一部強化された1971年（昭和46年）以降の建築かという点です。

　建築基準法は、建築物の敷地、構造、設備、用途に関する最低基準を定めた法律で、1968年（昭和43年）に起きた十勝沖地震を教訓に、1971年に耐震基準の一部が強化され、さらに1978年（昭和53年）に起きた宮城県沖地震後、1981年に耐震のための設計基準が大幅に改正されました。この改正以降建築された建物は、1995年（平成7年）に起きた阪神大震災においても、被害は少なかったということです。

　建築された時期に分けて、既存住宅市場で取引された物件を見てみますと、1981年の新耐震基準を満たしていない築30年以上経過した物件の取

引が、首都圏のマンションで約25％、一戸建で約20％となっています。既存住宅を選ぶに当たって、建築基準法の耐震基準が判断基準のすべてということになるわけではありませんが、取引された物件の4分の1は新耐震基準以前のものということです。

一戸建の場合は、多くの家が木材でできているため、建築基準法の基準を満たすことに加え、建築工事の精度やメンテナンスなどによっても、家の持ちはかなり違ってきます。購入に際しては、建物の築年数も重要です

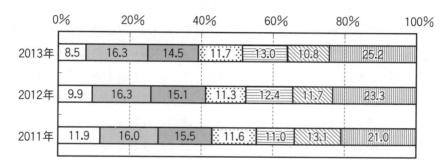

【マンションの築年帯別成約件数比率（首都圏）】

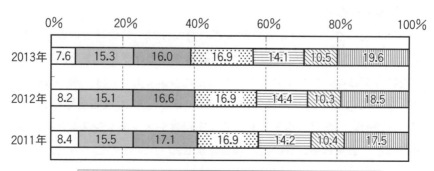

【一戸建住宅の築年帯別成約件数比率（首都圏）】

（公財）東日本不動産流通機構の資料により作成

が、所有者が住宅を保持するためにどれほど小まめにメンテナンスを行ってきたのかや、見た時の印象といったものも判断の大切な材料になります。

　一方、マンションの場合は、1981年以降かどうかについて、一戸建より気にしたほうがいいかもしれません。マンションが大地震などによって被災した場合、その程度に応じて補修や建て直しをしなくてはなりませんが、所有者が多いだけにその対応策をまとめるまで、かなり手間取ることが予想されます。この間、最悪は売却などが実質的にできなくなることもあり得ますので、このようなリスクを減らすためにも、少しでも頑丈な物件を選ぶに越したことはありません。

　建っているマンションを竣工時期で見てみますと、1981年以前の旧耐震基準となっているものが、まだ戸数で106万戸（2013年12月末現在）あるということです。できれば、**約500万戸ある1981年以降竣工の物件の中から選択したほうがよいでしょう**。1981年以前の物件を選ぶ時には、修繕計画の実施が十分になされていることと管理状況が良いことを十分確認したうえで購入しましょう。1981年以前に建築されたマンションで、見た目にも不安があるような物件は購入すべきではありません。

ワンポイントコラム

＜バブル時代の物件＞

　バブルピークの1990年頃に建築された物件は、分譲時と現在の価格差（値下がりの幅）が大きいうえ、**「設備や仕上げグレードも高いのでお買い得ではないのか？」**と聞かれることがよくあります。当時の物件は、新築時の売り値を高めるためだけに床や壁に大理石を貼ったり、凝った設備にしたというモノも多く、実用性やメンテナンスなどの面を考えると、必ずしもお買い得とは言えません。

7 案内の時に見抜く！

　自分の希望に合った物件が見つかったら、早速不動産会社に物件案内をしてもらいます。この際に気を付けなくてはならないのが、案内される既存住宅の多くが現在居住中のため、そうそう何回も見学ができないことと、むやみに長居をすることもできないということです。

　それだけに、案内の時には見落としをしないように、なるべく効率的にしっかりとチェックしてくることが必要です。逆に、周辺環境などはいつでも何回でも見られますので、じっくりと確認することをお勧めします。また、当日が雨だからといって、面倒臭がらずに行きましょう。物件や周辺の道路の水はけの状況や、雨の日は極端に混雑する道路など、雨天でないと見られないものがあります。

　一戸建とマンションのそれぞれの各部分におけるチェックポイントは次章でご覧いただくとして、ここでは**案内を受ける時の心得**について書きます。まず、案内を受ける時には、事前に間取り図などの資料を入手しているでしょうから、**あらかじめその物件のどこをチェックしたいか自分なりに整理してから臨みましょう**。マイホーム探しをするに当たって、家族から出された希望条件のうち、**必ずかなえたい点についてはよく確認しておく**ようにしましょう。

　そして案内当日は、物件に着いたらまず外観の印象が自分の希望に合っているかをよく確かめてください。次に、建物の中を全部の部屋を通して一通り見て印象をつかみます。**この時点での印象が、決断する時に重要になります**。この後、ご自身のチェックポイントや気になる点をじっくり確認します。一戸建の場合は庭もしっかり見ましょう。立派な庭木や庭石があれば、残していくのか売主に確認したほうがよいです。

　居住者の方にじかに質問できるのはこの時しかありませんので、物件以

外のことも含めて質問があれば聞いてみます。ただし、所有者であれば売主として少しでも良い条件で売りたいと思うのが人情ですので、売主にとって不利と思われることは多少割り引いて聞きましょう。近隣居住者のことや日照、騒音のことをあまり悪く言うこともないでしょう。

　物件周辺の確認も重要なポイントです。物件が気に入った時は、案内当日にもできるだけ周辺施設や駅からの道など、生活するに当たって自分自身の家庭に絶対に必要となるものを目で確認するようにしましょう。毎日の食料品を買うスーパーなどの商業施設、子供の学校や幼稚園などの教育施設、お年寄りや小さなお子様がいれば身近な医療施設、公園等の有無などです。

　また、土日と平日によって周辺の様子が変わることもよくあります。土日は休みだが平日は騒音を出す町工場があったとか、道路の混雑状況が全く違っていてバスの所要時間が長くかかる、といったことはよくあることと思ったほうがいいでしょう。また、時間による違いも考えられます。通勤通学に使う道が夜は暗くて極端に人通りが少ないとか、静かな商店街が、夜は一転飲み屋街に変わってしまうということもありますので、勤め帰りに夜の様子を見てみるなど、不安があれば時間を変えて確認してみましょう。

　現地案内や周辺の調査をする時には、次のものを必ず持っていくようにしましょう。まず**「物件資料」**ですが、急な案内の場合もできるだけ事前に入手して見ておきます。次に物件と周辺施設や駅との関係などを確認するために、市販のなるべく縮尺の大きい地図。後は、建物内や外部で方位を確認するために方位磁石、またチェックリスト、筆記用具、場合によってはデジカメなどがあれば完璧です。気付いたり調べたことをメモしておくことも忘れないようにします。

　良い物件に巡り合うためには、見る目を養うことも必要です。めったにない出物に出合えたとしても、すぐに決断ができないとほかの人に先を越されてしまったり、単にもっといい物件が出てくるだろうという期待感だけで購入決断ができないといった方も、しばしば見かけます。そのために

も、いくつかの物件を見ておくことや希望エリアの周辺を下見するなどの準備をしておき、いざ自分の条件にかなった物件に巡り合えたら、即断即決ができるようにしておくことが、良いマイホーム探しに結びつきます。

【物件案内の時に持参する物】

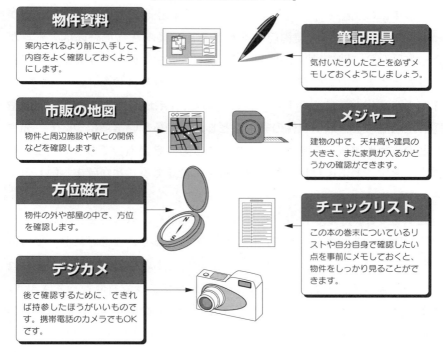

ワンポイントコラム

＜内覧は納得いくまで＞

　引渡しを受けた直後に発見された建物のトラブルでは、**「契約前に見た時には気付かなかった」**ということをしばしば耳にします。売出し中の既存物件は、まだ売主が居住中の場合が多いため、ゆっくりと時間をかけて見づらい状況にあります。しかし、購入決断するのに不安があれば、もう一度室内を見せてもらったうえで納得してから決めましょう。

8 「物件告知書」をもらう

　既存住宅の売買契約は、「現況有姿」といって、本体については契約した時のままの状態で、土地と建物ともに買主に引き渡すという契約内容が一般的です。しかし、契約前に不動産会社に案内された時には、家具が入っていたり、壁に物が掛かっていたりと、売主が引っ越す時に付帯設備のうちどこまでのものを置いていくのかはっきりしません。

　国土交通省が示すガイドラインによると、**「宅地や建物の過去の履歴や隠れた瑕疵など、取引物件の売主などしかわからない事項について、売主などの協力が得られる時は、売主などに告知書を提出してもらい、これを買主に渡すことにより将来の紛争の防止に役立てることが望ましい」**と示されています。

　壁にすっきりと取り付けられたエアコンなども、取り外されてしまうと機器の購入費と取付費用が新たにかかってしまうということになってしまいます。一戸建ですと、庭の植木や庭石にしてもどの範囲のものが残されるのかによって、入居してからのガーデニングプランも変わってきます。逆に何でも置いていかれると、壊れて使えないものや粗大ゴミに近いものを放置される、といったことも起こってしまいます。また、入居してスイッチを入れても設備が故障して使えないという場合についても、修理費を売主と買主と不動産会社の誰が負担すべきかという問題もあります。

　このような状況に対応するために、取引に際しては「物件告知書」として**「付帯設備一覧表」**を使って、それぞれの設備ごとに撤去するかしないかの有無を申告し、「有」としたものは使用できることを前提としています。付帯設備一覧表の付帯設備というのは、一般的な住宅の場合に売買対象である土地や建物以外に設置されている、門扉や塀、庭木、庭石、給湯機、エアコンなどの空調、流し台セットや浴室などの水回り、吊り戸棚な

どの収納、照明などの設備や器具を総称しています。

　売主は契約した時に申告しますので、もしも何らかの理由で故障して使用できなくなったなど、引渡し時に契約の時と違う状態であれば、売主の負担で修復して引き渡す義務を負うことになります。多くの不動産会社がこの付帯設備一覧表を使うことによって、後日の行き違いによるトラブルを防止するようにしています。

　ただし、既存住宅の場合は、経過した年数による変化や通常の使用による磨耗・損耗・性能低下といったことがあり得ますので、引渡しの時に正常に作動していた設備が引渡しを受けてから後日故障をした場合には、買主の負担で修復することになります。

　さらに、「**物件状況申告書**」などの書面によって、既存住宅本体の物理的不具合や、騒音・近隣の建築計画など居住するに際して知っておいたほうがよい周辺環境についての売主からの申告についても、説明している不動産会社もあります。物件状況申告書の内容は、売買契約締結時の状態を、一戸建の場合は土地・建物の状況やその他買主に説明しておくべき事項などを、マンションの場合は物件の状況、管理費・修繕積立金などの変更予定や大規模修繕の予定、その他買主に説明しておくべき事項などを、売主が記入して買主に説明しています。

　既存住宅ですから、建築されてからの経年変化によって物件の損耗が生じているのが一般的ですが、床の一部がきしんでいるとか、普段はない雨漏りが大型台風の時だけあったといった物理的な不具合についても知っておくに越したことはないでしょう。また、リフォームや増築などの履歴についても記載されていれば、今後長く住んでいくためには大切な情報になります。

　設備の状況に加え、既存住宅本体や周辺環境の状況についても、売主から申告してもらうことは、後日のトラブルを防止することはもちろん、居住するに当たっての安心感も高まります。また、価格交渉をするにしても、どの範囲の設備が付いてくるのかがはっきりしないと、いくらなら買うと

いう希望価格の設定が考えづらくなってしまいます。購入に際しては、こうした申告内容についても十分把握するようにしましょう。

【付帯設備一覧表の例】

付帯設備一覧表

平成　年　月　日

買主　　　　　　　様

売主　　　　　　印

No.	設備名	付帯状況と取扱い	数量	備考
1	台所セット	㊒・無・撤去	1	
2	レンジフード	㊒・無・撤去	1	
3	ガスレンジ	㊒・無・撤去	1	
4	換気扇	㊒・無・撤去	1	
5	湯沸し器	㊒・無・撤去	1	
6	シャワー	㊒・無・撤去	1	
7	ドアチャイム	㊒・無・撤去	1	
8	インターホン	㊒・無・撤去	1	
9	クーラー	有・無・㋤去		
10	ヒーター	有・㋰・撤去		
11	照明器具	㊒・無・撤去	3	玄関・廊下のみ残す
12	TVアンテナ	㊒・無・撤去	1	VHF・UHF
13	電話	有・無・㋤去		
14	電気温水器	㊒・無・撤去	1	
15	風呂一式	㊒・無・撤去	1	
16	吊戸棚	㊒・無・撤去	1	
17	洗面器具	㊒・無・撤去	2	
18	下駄箱	有・無・㋤去		
19	ジュータン	有・㋰・撤去		
20	カーペット	有・㋰・撤去		
21	カーテン	有・無・㋤去		
22	カーテンレール	㊒・無・撤去	各2	和室を除く
23	網戸	㊒・無・撤去	各1	全室残す
24	門塀一式	㊒・無・撤去	1	
25	植栽	㊒・無・撤去	一式	記念樹を除く
26	庭石	㊒・無・撤去	3	燈籠を除く
27	池一式	有・㋰・撤去		
28	カーポート	㊒・無・撤去	1	
29	物置	有・無・㋤去		
30		有・無・撤去		
31		有・無・撤去		
32		有・無・撤去		
33		有・無・撤去		
34		有・無・撤去		
35		有・無・撤去		

付帯状況と取扱い
　有―該当の設備有り
　無―該当の設備無し
　撤去―売主が撤去する（あるいは別途有償で譲渡する。）。

資料：（一財）不動産適正取引推進機構

> ワンポイントコラム
>
> <「物件告知書」をよく確認しよう>
>
> 　物件告知書は、きちんと取り扱われているかどうか、不動産会社によってバラツキがあります。書面が用意されていても、物件のことを一番よく知っている売主に対して、正確に申告するように仕向けないと、書面の内容が意味のないものになってしまいます。不動産会社や売主に対して、告知書の内容がきちんと記載されているかをよく確認しましょう。

9 住宅性能表示を利用する

　既存住宅は建築されてから時間も経過していますし、今まで住んでいた方々が使用してきたために、劣化や磨耗や多少の傷みといった状況が生じていることは致し方ありません。前記の「**8**「**物件告知書」をもらう**」で書いたように売主から物件状況の申告をしてもらうとしても、新品と違って住み始めて間もなく、以前の居住者の時にはなかった不具合が発生することも考えられなくはありません。

　居住用住宅の売買が、新築ではなくて既存住宅を中心に行われているアメリカでは、売買契約が成立し物件の引渡しを受ける前に、専門家が実施する「**建物診断**」というものをすることが広く行われています。アメリカで「**インスペクション**」と呼ばれているこの制度を利用することによって、建物の状況をよく把握したうえで安心して取引をすることが実現しています。もしも不具合が発見された時には、売主に補修をしてもらうといった対応ができて、取引が円滑に進められています。

　日本でも、このアメリカの制度に似たものを導入した検査会社が数年前から出てきており、国土交通省でもこのことに国として対応するために、「既存住宅の性能表示制度」という「住宅の品質確保の促進等に関する法律」（略して一般に「品確法」と呼ばれています）に基づく制度をつくり、2002年12月より実際の運用が開始されています。

　新築住宅と違って既存住宅は既に建築された状態で検査するため、検査員が目で見る目視という方法で検査を行います。新築住宅でも法律に基づいた制度が2000年から始められており、既に新築された時に「**住宅性能評価書**」を交付された住宅もあるかもしれません。しかし、新築時の検査は強度や性能といった項目にウエイトが置かれていますが、既存住宅の場合は、むしろ劣化や傷み具合といった項目に重点を置いている点が異なりま

す。

　既存住宅の検査には、先に書きました法律に基づく検査制度と、民間会社が独自に行っている法律に基づいていない検査の2種類があり、皆さんには多少わかりづらいかもしれません。どちらがいい、悪いということはなく、法律に基づいたものは形式にのっとって検査結果が報告され、民間のものは法律に基づかない分、各社の工夫が加わっているといっていいでしょう。民間の検査は、依頼する不動産会社と提携している場合が多く、不動産会社によっては利用できない場合もありますのでご注意ください。

　躯体(くたい)が鉄やコンクリートでできているマンションでも、取引を行うに当たっては不具合がないか心配が募りますが、木でつくられている一戸建ですともっと心配なのではないかと思います。検査会社や検査の内容によって費用は異なりますが、1戸当たり5万〜10万円で物件の状況を調べられますので、何千万円の買物の安心料としては必要なものとして、**特に一戸建の場合にはお勧めします。**

　不動産会社によっては、住宅性能表示を売買取引のシステムの一つとして用意しているところもあり、利用しやすくなっています。マンションは専有部分だけの調査の場合もあり、費用は安めとなっていますので、心配な時には受けられたほうがいいでしょう。また、売却物件によっては、すでに売主サイドで検査を済ませている売却物件も時にはあり、検査結果を見て購入の検討ができる安心感があります。

　この住宅性能表示を受けることとセットで、検査を受けた住宅を対象に、将来不具合が発生した時に保証を受けられる制度を導入していることもあります。既存住宅の不具合の保険と言えるもので、安心を求めるのであれば検査とともに保証制度に加入するのがよいでしょう。

　先に検査が2種類あると書きましたが、特に、そのうちの法律に基づく検査を受けた場合は、**「既存住宅売買かし保険」**という制度の利用ができます。万が一、引渡しを受けた後に建物の保険対象部分に瑕疵が見つかった場合は、その補修費用を賄うことができます。保険の対象となる部分は、

構造耐力上主要な部分、雨水の浸入を防止する部分、給排水管路、給排水設備・電気設備となっており、一部の部分を対象にしていない場合があります。保険期間については、5年間または1年間となっています。現在、この保険会社として国土交通省から次の5社が指定されていて、全国を対象に業務を行っています。

＜指定保険会社＞
　・㈱住宅あんしん保証　　　☎ 03-6824-9095
　・住宅保証機構㈱　　　　　☎ 03-6435-8870
　・㈱日本住宅保証検査機構　☎ 03-6861-9210
　・㈱ハウスジーメン　　　　☎ 03-5408-8486
　・ハウスプラス住宅保証㈱　☎ 03-5962-3814

【既存住宅売買かし保険の仕組み（個人間売買タイプ）】

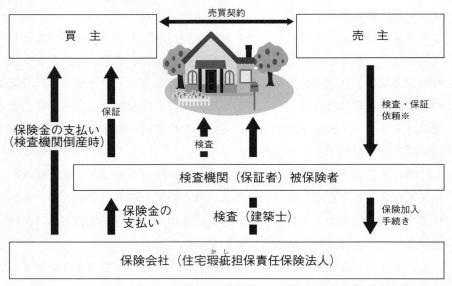

※検査・保証依頼は、買主（予定者）からの依頼も可能です。

第3章 物件の上手な探し方

【品確法に基づく報告書（一戸建）の表紙】

現況検査・評価書

（住宅の品質確保の促進等に関する法律第5条第1項に基づく住宅性能評価書）

（既存・一戸建ての住宅）

（申請者の住所）

　　（申請者の氏名又は名称）　　様

　この現況検査・評価書は、下記の住宅に関し、評価方法基準（平成13年8月14日国土交通省告示第1347号）に基づき検査・評価を行った結果を示すものです。記載内容についてのお問い合わせは、当指定住宅性能評価機関へどうぞ。

記

　　1．住宅の所有者

　　2．住宅の名称

　　3．住宅の所在地

現況検査・評価書交付年月日	年　月　日	現況検査・評価書交付番号	－　　－
検査年月日	年　月　日（複数ある場合は各々記載）		
指定住宅性能評価機関名		（電話番号： 　　　）	
機関指定番号			
評価員氏名			印

ワンポイントコラム

＜建物診断を利用しよう＞

　建物診断を実施することを、不動産会社によってはイヤがる場合があると思います。不動産会社にしてみれば、「せっかく買う気になっているのに、もし検査をして不具合でも見つかったら、元の木阿弥じゃないか」と考えるからです。もしも不動産会社が検査を行うことに消極的であっても、安心して取引を行うためにも実施することをお勧めします。

第3章　物件の上手な探し方

まとめ

❶ 「**買える**」という資金的な裏付けがあれば、あとは「**欲しい**」という欲求が高まった時に購入すれば、後悔することはない。

❷ 営業マンの情熱とあなたとの信頼関係によって、希望に沿った物件を探してきてくれるかどうかが決まるので、良い営業マンとの出会いと付き合い方はとても重要。

❸ 建物の魅力に魅入られる前に、たとえマンションであっても、まずは物件の立地が自分の希望条件をかなえてくれているかを確認。

❹ 住宅の購入は、物件のある場所を買うとともに、そこでの生活を営むための地域という周辺環境をも買うことになるので、周辺施設や環境をよく確認。

❺ 一戸建とマンションのどちらにするかは、価格ではマンションのほうが割安だが、何よりそこで生活する家族のライフスタイルをよく考え、加えて将来転売する時の売りやすさや資産価値変動の少なさなどの要素も考えて選択するようにしよう。

❻ マンションを選ぶ場合は、建築基準法の耐震基準が大幅に改正された**1981年（昭和56年）**以降に建築されたものかどうかが、特に重要。

❼ 既存住宅を見学する時は、多くが居住中のため物件本体は何回も見学できないことを前提にして、見落としをしないようにしっかりとチェックしてくることが必要。

❽ 取引に際しては、それぞれの設備ごとに撤去するかしないかを「**付帯設備一覧表**」などを使って売主に申告してもらい、後日の行き違いによるトラブルを防止するようにしよう。

❾ 既存住宅の建物診断である「**住宅性能表示**」を受けることによって、一番心配な住宅の劣化や傷み具合を把握できるので、特に一戸建の場合はお勧め。

第 4 章

マンションの
チェックポイント

1 規模についての全体的な見方

　「マンション」と一言で言っても、1棟だけ建っている単体マンションから、大規模ニュータウンとして開発され何十棟も建っているもの、最近流行の超高層マンションで1棟当たり何百戸と住戸の多いものまで、様々な形態があります。最近では服飾と同じような感覚で、場所や外観などにウエイトを置くなど、ファッション性を重視したマンション選びをする方もいます。それぞれの形態によって特徴がありますので、よく理解したうえで自分に合った物件を探してください。

　大規模開発の中でも、公団（現在の「URA」）などが分譲したニュータウンなどは、何十棟ものマンションが立ち並び、大きな街そのものです。その街の中で、自分の希望や予算に見合った物件を探すことになります。外観が似ていても、1棟ごとに間取りや立地などによる人気、居住している方の特徴が異なっている場合がありますので、不動産会社によく確認しましょう。似たような間取りばかりの建物が何棟もある場合は、将来売却する時の価値が下がり気味になることに注意しましょう。

　民間の不動産会社が開発した、**マンションが10～15棟くらい建つ大規模開発マンション団地の場合は、一般的に既存住宅市場においても安定した人気が保たれている場合が多い**です。1棟ごとに建てられたマンションと違って、ランドプランで環境創造に重点を置いたプロジェクトがほとんどで、その団地内に入ると樹木を多く配して独特な環境がつくられており、スポーツやコミュニティーなどの共用施設も充実しています。既存住宅市場の価格面でも比較的安定的に推移していることが多く、購入するに当たっての安心感は高いでしょう。ただし、規模が大きいだけに、そこに住む居住者の数も多く、同じような生活を営んでいることが、没個性的との見方もあります。

第4章 マンションのチェックポイント

【マンションのチェックポイント】

管理
既存で買う時には物件の実情を確認できますので、管理や補修の実績・現状の管理状況などを見ます。

分譲時の売主など
新築された時に分譲した不動産会社や、建築施工した建築会社であるゼネコンがどこかなどを見ます。

マンションの形態
1棟だけの単体、大規模ニュータウンとして何十棟も建っているもの、超高層マンションなど形態は様々です。

建築構造
主な構造としては鉄筋コンクリート(RC)造と鉄骨鉄筋コンクリート(SRC)造の2種類があります。

専有部分
家族の状況を考えた間取り・収納・動線の確認に加え、部屋の位置や方位、日照や通風の状況、各種設備などを見ます。

建物単位
建物に店舗・事務所・ワンルームなどが含まれていないか確認します。

共用部分
エントランス・エレベーター・集会室などについて、印象や大きさや傷みなどを確認します。

共用施設
駐車場の空き状況や専用庭・ルーフバルコニー・トランクルームなどの施設について、必要に応じて使用料や規則の内容を確認します。

タワーマンションを始め、階数が15階程度以上のマンションは、上の階になればなるほど、マンションのエントランスから自分の部屋まである程度の時間がかかることを、毎日のことですので考えておきましょう。また、一般的に下のほうの階は面積が狭く価格的にも安めで、最上階に近いほど面積が広く設備などのグレードも高くしてあります。タワーマンションは上層階に住んでこそタワーの意味があり、下層階は普通のマンションと変わらず、その結果居住者のライフスタイルもかなり異なっています。

　1棟または2棟くらいの単位で建てられたマンションは、それぞれに様々な特徴がありますので、ここで一概に特徴を述べることは難しいのですが、マンションによって個性的な特徴があります。

ワンポイントコラム

＜大規模マンションを検討する時＞

　大規模マンションを検討する時は、**検討している住戸がその団地の中でどういう位置に存在するのか**を確かめてみましょう。立地は駅やバス停に近いか、スーパーなどの商業施設に近いか、場所が全体の中ほどか外周地かなどによって、同じマンションでもその利便性が大きく変わることがあります。

2 「管理」をチェック！

よく「マンションは管理を買え！」と言われるほど、管理の状況によって住み心地や資産価値に差が出てきます。既存住宅として買う時には、すでに居住者が生活している状況です。これまでどのように管理や補修がなされてきたのか実績を調べたり、現状でどのように管理が行われているのかがわかりますので、よくチェックしましょう。

●現地を目で確認する

まず、物件を訪れた際に気を付けて見たいところは、エントランスホール・エレベーター・階段などの**共用部分の清掃が行き届いているか**です。たとえ築年数が短くても、ホコリやゴミが目立っていたり、掃除の粗さがわかるようでは管理が不十分と言えます。また、集合ポスト周辺に投函された不要なチラシが落ちて散らかっていたりするのもダメです。

掲示物についても、掲示の仕方が整然としておらず、古い掲示物がそのまま貼られていたりという状況では、管理状況が良いとは言えません。また、掲示物の内容を見てみると、管理についての状況や居住者の活動などがわかる場合もあります。

管理人がいれば、ぜひ声をかけてみましょう。「**管理人が常駐か**」「**掃除の頻度**」「**新聞の配達は、集合ポストではなく各住戸までしてくれるのか**」など、管理の状況について事前にわかっていることも織り交ぜながら聞いてみるのも一つの方法です。管理人はそのマンションの情報をたくさん持っていますので、いろいろと参考になることが多いうえ、会話の中から管理を行う姿勢を感じ取ることもできるでしょう。

ゴミ置場と駐輪場も見てみましょう。マンションのゴミは一般的に指定日でなくてもいつでも捨てられるようになっていますが、管理の行き届いたマンションですと、分別などがきっちりとなされ、住民がルールに従い

整然と捨てているものですし、掃除も定期的になされているのがわかると思います。駐輪場も雑然としやすい場所の一つですが、駐輪場の自転車が出し入れしやすいようにとめられているか、駐輪場以外に自転車が放置されていないかなどもチェックしましょう。中庭や廊下に自転車や個人のものが放置されていれば、管理は良くないと思ったほうがいいでしょう。

●管理形態を見る

　管理形態ですが、一般的には管理会社への委託方式となっており、すべての業務または一部の業務を管理会社に委託して行っています。管理会社に委託する業務内容は、清掃や設備点検、管理人の派遣、会計出納などの実際の業務で、管理会社へコストを支払って委託します。

　マンション管理業の委託を受ける会社は、国土交通省に備えられたマンション管理業者登録簿に登録をしなければマンション管理業を営むことはできません。契約前に、不動産会社が買主に対して行う重要事項説明の中に**「管理の委託先等」**という項目があり、この管理会社の商号または名称と住所に加え、登録番号も明記されます。この管理会社の規模や管理戸数、また評判などについて、本やインターネットで確認したり、不動産会社に聞いてみましょう。

　管理人の勤務体制が、いつも管理人のいる「常駐方式」か、管理人が毎日通勤してくる「日勤方式」か、また日勤方式の場合、管理人がいる時間帯は何時から何時までか、といったことも入居してからの生活に影響することもあります。管理人が常駐するに越したことはありませんが、その分管理費が高くなるため、日勤方式が多くなっています。週に何日か管理人が出勤する「指定日日勤方式」や、管理人が複数のマンションを掛け持ちで管理する「巡回方式」といった場合もありますが、居住する立場から見ると、せめて平日の日中は管理人にいてほしいものです。

　また、「自主管理方式」は、管理組合の主体である居住者がすべての業務を自ら行うもので、管理費は少なくて済みますが、居住者の負担は重くなります。

【管理形態一覧】

常　駐 （住み込み方式）	管理員がマンション内の管理員用住戸に住み込んでいる。ただし、時間外や休日は業務を行わない。
常　駐 （24時間有人管理）	平日の日中は管理員がフロントで対応し、夜間や休日は警備員が防災センターに待機している。大規模なマンションなどで導入されている。
日　勤	管理員が通勤して管理を行う。夜間や休日は不在になるので機械による遠隔管理との併用になる。
巡　回	管理員は常駐せず、週に2〜3回程度巡回して清掃などを行う。機械による遠隔管理との併用になる。
機械管理	各住戸の火災報知・緊急通報やエレベーターなどの運転状況を機械で遠隔監視する。異常が発生した時には警備員が対応する。

●「管理規約」や「長期修繕計画」を確認

　マンションは、一戸建と違って多くの世帯が同一の建物に居住することから、共同の生活を円滑かつ円満に行うために、マンションの区分所有者全員で結成する管理組合の運営や、居住者間の利害調整に関するルールや使用方法などについて定めた**「管理規約」**というものが必ずあります。共同生活のためのルールですので、皆さん自身も必ず守る必要があります。

　大規模物件などの場合は不動産会社が持っていればすぐに、そうでない場合は重要事項説明時にもらうことができます。そのためにも、重要事項説明を早期にしてもらうように不動産会社に働きかけることが大切です。内容をよく確認したうえで、もし受け入れられない内容があれば、その物件はあきらめるべきでしょう。

　購入後にリフォームしてから入居しようと考えている方は、専有部分のリフォームのルールについても確認が必要です。例えば、カーペット敷きの床をフローリングに替えたい場合、カーペット以外に変更が可能かどうかについても決められていますので、絶対にフローリングと決めている場合は要注意です。リフォーム工事についての許可や手続きについても記載

されていますので確認しておきましょう。手続きを無視して工事を進め、工事の内容が規約違反だったため、さらに高額の費用をかけて改修させられたケースも発生していますのでご注意ください。

　駐車場・駐輪場・専用庭などの使用方法・利用条件なども確認します。専用庭については、植木はだめでも小さな花なら植えてもいいなど、規制が厳しくなっている場合が多いです。駐車場もせっかく借りられたのに自分の車が入らないということがないように、大きさやルールをよく確認します。また、今は満車で借りられないけれど順番待ちという場合も、どういう方法で順番を決めるのか確認しましょう。

　日本人は晴れた日にふとんを干すのが好きですが、美観を損なうという観点から禁止しているマンションもあります。また、干せてもバルコニーの内側でという場合も多く見受けられます。ふとんが干せなくて希望マンションを変えるということはあまり聞きませんが、干せないことは管理規約で決められています。

　最近ブームのペットを飼っていたり、これから飼おうとしている場合も確認が必要です。ペットが飼える場合でも、種類、大きさ、数、飼育方法などが細かく決められていることがあります。共用施設として、集会室・ゲストルーム・キッズルームなどが付いているマンションでも、利用についてすべてルールが決められていますので確認してください。

●**管理の収支を確認する**

　すでに何年間か運営されてきた管理組合の収支について、問題がないか確認することも重要です。管理組合の収入には、管理費のほかに修繕積立金、駐車場・専用庭・トランクルーム・駐輪場などの共用施設の使用料などがあり、また所有した時に一度だけ支払う修繕積立基金のある場合もあります。これらの収入が所有者からきちんと集められていないと確実な管理はできません。

　管理費と修繕積立金の口座が別々に設けられているか、また口座名義人が管理組合の理事長名になっているかといった点を、管理規約などで確認

しましょう。管理費は、共用部分の清掃や管理など日常的なマンションの管理を目的とした費用であり、修繕積立金はマンションを維持するための計画的な補修や修繕を行うための費用です。費用が目的どおりに使われていないといけませんが、管理規約にそれぞれの資金の使途が細かく決められていれば、まず問題はありません。また、口座名義が管理会社になっていると、管理会社が倒産した場合に預金が戻らなくなってしまう危険があるため、国土交通省の指導で禁じられています。

　駐車場が十分あるのに車を停める人がいないとか、滞納の常習者がいるといった場合は、管理計画に狂いが出て計画どおりの管理ができなくなってしまいます。売買契約締結までに不動産会社が行う重要事項説明書でも、**「計画修繕積立金等に関する事項」「通常の管理費用の額」**という項目があり、月々の金額のほかにすでに積み立てられている修繕積立金も記載されます。滞納された金額が積み立てられた額の5～10%に達していたら注意が必要です。

　管理費や修繕積立金は安いほうが助かりますが、マンションを快適に長持ちさせるためには、ある程度の費用をかけて管理や修繕をきっちりと行う必要があります。新築分譲をしたときに、これらの費用を安めに設定したために、入居後に所有者である管理組合の決議で修繕積立金を値上げするケースも増えてきています。

　これらのマンションは、居住者が比較的長く住み続けようという考えの方が多くいて、資産価値を保つために管理に熱心な場合が多く、マンションも快適に維持されています。**管理費や修繕積立金の金額だけを比較するのではなく、適切な管理に見合う金額になっているかどうか**という目で確認してみましょう。

●**長期修繕計画を確認する**

　将来にわたってマンションの資産価値を維持していくために、それぞれの規模や構造や共用施設に応じた長期修繕計画が組まれており、計画に従って実行されています。壊れたり傷みが激しくなるたびに所有者から費

用を集めて補修することは非現実的であるため、事前に計画的な修繕計画を立案して、費用についても工事を行った時に支払いができるように積み立てられていますので、長期修繕計画の内容と実施状況を確認しましょう。

　一般的に、鉄部の塗り替えは3～6年ごとに行い、建物外部全体に足場を組む大規模修繕は新築後10～15年くらいの間に行います。大規模修繕では、足場を組む作業の効率を考えて、モルタルやタイルでできた外壁の塗り替えや補修、屋根の防水工事、給水施設の補修などを同時に行います。

　自分の検討している物件の築年数を考慮して、これらの修繕が行われているか、または行われる予定があるかなどを確認しましょう。

ワンポイントコラム

＜管理確認の優先順位＞

　ここまで説明してきたマンションの管理を確認するための事項を、皆さんが検討段階ですべてを確認することは難しいでしょう。そこで、まずは清掃、掲示板、ゴミ置場、自転車置場といった簡単に目で確認できるところを見て、きちんと管理されているかを確認します。次に、管理人や住民の方に声をかけて聞いてみるといった方法が現実的です。

　そして、購入を決断したら、早めに管理規約や管理会社から発行される**「重要事項に係る調査報告書」**を不動産会社から受け取り、内容を確認したうえで契約に臨みます。

3 分譲時の売主やゼネコンをチェック！

　そのマンションが新築された時に分譲した不動産会社がどこか、マンションを建築施工した建築会社であるゼネコンがどこか、ということをチェックしましょう。この2つは、物件の紹介を受けた時の物件資料に必ず記載されていますので、確認しやすいです。

　居住中のマンションで、もしも躯体や共用設備に関係する大きな不具合が発生すると、分譲した不動産会社と建築したゼネコンの責任として、2者が対応をすることになります。こうしたトラブルは、マンションに居住している方々の日常の生活にも影響が出てしまうなど重大な問題になり、当然に緊急の対応が求められてきます。このようなマンションのトラブルは、まず起こらないように設計や建築がなされていることが第一で、もしも起こってしまった場合でも、早期に対応のうえ、即座に解決することが求められます。このような対応ができているマンションに居住するためには、信頼性が高く建築実績の多い不動産会社やゼネコンを選択することが、重要なポイントです。

　現状の経済情勢において、どのゼネコンも絶対に安全というところはありませんが、現在のところで一般的に「5大ゼネコン」と呼ばれている大手建設会社は、「鹿島建設」「清水建設」「竹中工務店」「大成建設」「大林組」とされていて、安心感はかなり高いと言えます。このほかにも、株式市場に上場している建設会社が多数あり、上場しているという信頼性はありますが、昨今の社会情勢を見ますと、ある日突然倒産する会社にゼネコンがあることも珍しくない状況です。購入を決定する際に、該当物件の不動産会社やゼネコンについて、経営状況の最新データが記載されている書籍や各種経済雑誌、インターネットなどで調べ、内容を確認するようにしましょう。また、担当の不動産会社の営業マンにも聞いて情報を入手して

調べてみましょう。

　なお、マンションを新築して分譲する時に関係してくる会社の種別と役割を表にしました。ゼネコンが、直接分譲会社として登場する場合もあります。マンションが完成すると管理会社だけが業務を続けることになりますが、建設された時に会社の役割分担があることを知っていると、具体的な社名を聞いた時に理解しやすいと思います。

【マンションに関する関連会社の役割】

ディベロッパー （分譲会社）	土地を仕入れてマンションの開発を行う。売主、事業主などとも呼ばれる。この売主が建物の保証やアフターサービスなどを含む全体の責任を持つ。仲介会社や販売代理会社を入れずに直接販売を手掛ける場合もある。
設計会社	建物や間取りの設計を行う。建設中は設計どおりに進んでいるかのチェックも行う。建設会社の設計部門が担当する場合もある。
建設会社 （施工会社）	ディベロッパーの発注を受けて建物の建設を行う。ゼネコンと呼ばれる大手建設会社が一括して請け負い、複数の下請会社に発注して施工させる場合が多い。
販売(代理)会社 （仲介会社）	売主から依頼された物件の販売を行う。購入希望者の窓口として、物件案内から契約、引渡しに至る手続きまですべてを行う。ディベロッパーの関連子会社や営業部門が担当する場合がある。
管理会社	マンションの管理組合との委託契約により、マンションの共用部分の管理やメンテナンスを担当する。新築分譲時はディベロッパーや建設会社の関連子会社が指定されていることも多く見られる。

> ワンポイントコラム
>
> **＜大きなトラブルがないか、聞いてみる＞**
>
> 　マンションの分譲主であるディベロッパーは、数年続いたマンション建設のラッシュで新しい会社がたくさん参入してきています。しかし、競争の激化による質の向上という利点の反面、厳しいコスト削減の中で開発を行ったために、粗悪な物件が含まれてきたという事実もあります。
>
> 　また、分譲したディベロッパーや建設会社が既になくなっていることも、時としてあります。
>
> 　売主やゼネコンの情報を集めて確認するとともに、居住している方に大きなトラブルが発生していないかを、思いきって聞いてみるのもいいかもしれません。既に分譲時に関係した会社がなくなってしまっているのは心配ですが、既存マンションの場合、建設されてからの全体管理がしっかりと行われていることや、トラブル発生がほぼ無いといった実績があれば、購入に際しての安心材料となります。

4 建築構造をチェック！

　マンションは、丈夫で長持ちするのが一番の特徴で、主要部分である梁・壁・床が鉄筋とコンクリートでつくられています。引っ張りに強い鉄筋と圧縮に強いコンクリートを組み合わせたもので、錆びやすい鉄をアルカリ性のコンクリートで覆い、それぞれの特徴を補強しあったものですが、空気中の二酸化炭素によってコンクリートの中性化が起こってくることもあり得ます。

　このため、コンクリートの中に埋められた鉄筋を覆うコンクリートの厚さについて、一定以上確保されることが求められます。この厚さのことを「かぶり厚」と呼びますが、これが外壁などでは3～5cmは必要ですので、もしも新築時の図面などでわかればチェックしてみましょう。

　構造としては主に2種類あり、**「鉄筋コンクリート造」**（RC造と略される）は鉄筋とコンクリートを複合した材料で骨組みを形成した建物で、**「鉄骨鉄筋コンクリート造」**（SRC造と略される）は鉄筋コンクリートに鉄骨を併用した複合構造で骨組みを形成した建物です。両者とも耐火・耐久性が大きく、耐震・耐風的にも優れた構造です。「鉄筋コンクリート造」は、マンションで最も一般的な構造で、大規模建築や高層建築の場合は「鉄骨鉄筋コンクリート造」で設計されます。

　さらにこの構造が、構造形式で「ラーメン構造」と「壁式構造」の2種類に分かれます。「ラーメン構造」は、柱や梁をしっかりと接合した骨組みの構造で、開口部が広く取れて、間取り変更などのリフォームが比較的自由にできるという長所がありますが、室内に柱や梁の出っ張りができやすい点が難点です。

　「壁式構造」は、鉄筋コンクリートでできた壁や床という面で建物を支える構造で、建物の内外に余分な突出部分ができない長所がありますが、

専有部分の中の壁も構造体になっていることがあり、間取り変更がしにくい場合が多いです。また、強度の関係で階数に限度があり、5階建て程度までの低層マンションに使われています。

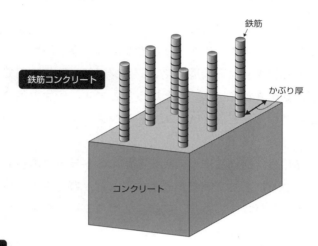

> ワンポイントコラム
>
> **＜丈夫で長持ちする物件を選ぶ＞**
>
> 　建物の構造でマンションを選ぶことはないと言えます。ただし、その構造を理解することによって、より丈夫で長持ちする物件を選ぶ目安になります。

5　建物単位でチェック！

　マンション全体を建物ごとの単位で見ていくと、チェックできるポイントがいくつかあります。まず、下層階が店舗や事務所用につくられているか、また都心や大きな駅周辺のマンションでは、居住専用であっても実際は事務所に転用されていないかということです。居住専用のものが事務所に転用されているかどうかは、エントランスの集合ポストの名札でわかります。

　店舗があると、荷物を出し入れするためのトラックの音や営業時間中の人の出入りなどによって騒音が発生することが考えられ、日中はともかく夜間の場合もあります。また、店舗自体やゴミなどから発生する臭気の問題もありますので、要チェックです。

　事務所であっても、人の出入りや音の問題がありますので、事務所の業務内容を十分確認するとともに、用途や使用方法についてのルールが管理規約でしっかりと定められているかも確認しましょう。居住用の部屋が事務所に転用されていると、時間に関係なく居住者以外の出入りが多くなり、安全性の低下、騒音、共用部分の汚れなどの問題が起こってきます。

　ファミリー型マンションでも、極端に面積の大きいものや小さい間取りを含んでいると、それらの居住者によってマンションの雰囲気が変わってくることがあります。マンションライフは、居住者が共同でルールを守って生活していくことによって、快適に過ごせるものです。生活レベルが大体同じであれば、考え方も大きく違うことはないので、管理組合の運営などもうまくいくのですが、明らかに生活観の違う人が一緒に住んでいますと、管理組合の決議などで意見が分かれて支障を来すこともあり得ます。

　また、単身者用のワンルームの居住者の場合、騒音やゴミ出しなどでどうしてもルールを守らない人が出てくるなど、ほかの居住者に迷惑を及ぼ

してくることもありますので、注意しましょう。

【建物単位のチェックポイント】

- 店舗や事務所が含まれていないか。
- 事務所に転用されている部屋はないか。
- 用途や使用方法で明らかなルール違反はないか。
- ワンルームは含まれていないか。
- 極端に大きな部屋はないか。

> ワンポイントコラム
>
> **＜極端に面積の異なる住戸を含むマンション＞**
>
> 　大規模なマンションであれば問題はありませんが、50戸に満たない小規模なマンションで、極端に面積の異なる住戸を含んでいると、住んでいる人のライフスタイルが異なるために、マンションルールが乱れることがあります。例えば、50～80㎡くらいが中心のマンションに、150㎡以上あるグレードの異なる住戸や20㎡以下の賃貸用ワンルームが混在するといったケースです。

6 共用部分をチェック！

　マンションの敷地と建物の共用部分については、区分所有者全員で所有するという権利形態になっており、所有している方々共通の資産です。購入するマンションの、大切な財産価値である共用部分についても、よくチェックしましょう。

　まずマンションの顔であるエントランスですが、顔というだけに印象が大切で、**あまり狭かったり暗かったりするものはお勧めできません。**入口が**「オートロック」**といって、自分自身の部屋の鍵もしくは目的の部屋を呼び出して開錠してもらうタイプであれば、マンションに関係ない人が入ってくることもなく、安全性が高いと言えます。エントランスホールに応接セットなどが設置されていると、雰囲気が良くなり、ちょっとした来客にも使えますので便利です。

　エレベーターの台数や大きさも確認しましょう。目安としては、大きさが7人から10人乗りくらいのもので50戸に1台といったところになり、ドアにガラスが入っていて中が見通せるほうが安全です。台数がやたらと多い場合、メンテナンスコストや電気代が管理費に跳ね返ってくることも考慮に入れましょう。

　集会室などの共用施設についても確認しましょう。小規模のマンションでも、管理組合の集会などのために、集会室など打合せのできるスペースがあると便利です。そのほかの施設があれば、利用方法や費用、利用状況などについて聞いてみましょう。最近建築されているマンションでは、プール・温泉・スポーツジムといった様々な共用施設を取り入れたものも見受けられますが、管理やコストの問題を考えますと、必ずしも必要かどうか考えものです。既存マンションを検討する場合、もしこれらの共用施設があれば、これまでの利用実績もわかるので、よく使われているのかど

うかを確認してみましょう。

　建物の傷み具合についても見てみましょう。外壁や基礎に、「**クラック**」と呼ばれるひび割れが発生していることがありますが、幅がおおむね0.5mmまでであれば、雨漏りの心配はないと考えられます。また、外壁に「**浮き**」や「**ハガレ**」が多いようであれば、修繕計画で補修された時期や予定を確認したほうがよいでしょう。外階段の手すりなど鉄部にサビた跡が多く見られたら、やはり修繕計画で鉄部の塗装がどのような状況になっているのか確認しましょう。

【共用部分のチェックポイント】

- エントランス・廊下・階段などはキレイか。
- エレベーターの大きさはいいか。
- 掲示板は整然とし、活用されているか。
- ゴミ置場や駐輪場は整頓されているか。
- 外壁に0.5mm以上のひび割れ・浮き・ハガレはないか。
- 外階段や手すりなどの鉄部が大幅にサビていないか。
- コンクリートのかぶり厚が3cm以上あるか。
- 集会室はあるか。

ワンポイントコラム

＜エントランスは共有部分の"顔"＞

　共用部分が魅力的につくられているマンションは、物件本体の価値が高まり、既存物件のマーケットでも比較的短期間で成約し、価格も安定しています。共用部分で一番目立つのがエントランス周辺です。豪華であればいいのではなく、来客者を迎えるのに気持ちのいい印象を与える造りやデザインに加え、清掃が行き届いているといったメンテナンスもポイントになります。

7 大切な間取りをチェック！

　マンションの間取りは、1住戸が2つ以上の階で構成されている「**メゾネットタイプ**」を除き、基本的には平面でできているのが特徴です。しかし、同じ面積であっても部屋の区切り方や水回りの配置などによって、生活する時の部屋の行き来である**動線**（どうせん）や使い勝手は大きく異なってきます。自分の家族にとって使いやすい間取りを選べるように、生活のパターンを描きながら考えましょう。

　専有部分である部屋全体の形は、長方形や正方形で構成されたものを選び、**台形や三角が含まれたものは避けましょう**。四角形でない部屋は家具が配置しづらく使い勝手も悪くなるからです。また、バルコニーのある開口部の間口は、部屋全体の明るさや通風に大きく関係してきますので、なるべく広めにとれているものが良く、**最低でも2室分の採光が確保できる6ｍは確保したい**ものです。さらに3室以上がバルコニーに面しているワイドスパンなら最高です。

　バルコニー側の開口部に面して、リビングと1居室が並ぶ間取り、バルコニーに沿ってリビングが横長に占める間取りがありますが、明るい開放面に居室が必要かどうか考えて選びましょう。リビング・ダイニング・キッチンの分け方についても、最近はリビングとダイニングが1室のタイプが多くなってきていますが、皆さんの家庭の使い方を考えて選びましょう。ダイニングを、たまにしか来ない来客用にも使えるようにダイニングセットにするというやり方もあります。

　奥様の家事のしやすさは水回りで決まりますので、キッチン、洗面室、洗濯機置場の位置関係について、行き来がしやすいかどうかをよくチェックします。それぞれが離れていると移動が増えることになり、「料理をつくりながら洗濯をする」ようなことがやりにくくなります。

キッチンは、独立型とダイニングキッチン型、またダイニングに対面カウンターの付いた半独立型がありますが、使い勝手をよく考えて選びましょう。キッチンが独立していたほうが、調理の汚れが広がらずダイニングがすっきりして、来客時に使うことも可能ですが、毎日の食事の準備や後片付けはダイニングキッチンのほうが楽です。またキッチンには、冷蔵庫のほかに食器棚を設置するスペースが必要ですので、その大きさも考えてチェックしましょう。

　各居室の広さは、その部屋の使い方をよく考えたうえで見てください。子供部屋には、ベッド、勉強机、本棚、整理ダンスなど、最低限入れなくてはならない家具が入るかどうかを、子供の成長も考えてチェックします。柱の出っ張りによって、うまく家具の収まらないケースもよく見かけますのでご注意ください。収納スペースの大きさによって、家具の種類や大きさが変わってくる場合も考えられます。

　バルコニーについては、奥行きが1.2mは欲しいところです。あまり奥行きのあるバルコニーの場合、バルコニー自体の使い勝手はいいのですが、上階のバルコニーが出っ張っている関係で日照が遮られ、曇っていると居室が暗くなることもあります。

　それぞれの部屋の動線についても、家族の一人ひとりの動きを描きながら見てみましょう。玄関からリビング、リビングから各居室やトイレ、各居室からトイレといった具合です。廊下の多い間取りは、動線が良くないだけでなく、実際に居住スペースとして使える面積も少なくなりますので注意して見ましょう。

【間取りのチェックポイント】

- ○ 部屋全体の形は整形か。
- ○ バルコニー側の間口は６ｍ以上あるか。
- ○ ＬＤＫの分け方は良いか。
- ○ キッチン、洗面室、洗濯機置場の位置関係は使いやすいか。
- ○ キッチンの使い勝手は良いか。
- ○ 居室の広さは十分か。
- ○ バルコニーの奥行は1.2ｍ以上あるか。
- ○ 各部屋の動線は良いか。

ワンポイントコラム

<DK・LD・2SLDK>

　来客がある時のために、リビングに立派な応接セットを入れなくても、ダイニングセットを洒落たものにすれば、来客者の対応は十分できます。このため面積が限られているマンションにおいては、来客が多い家族は**ダイニングキッチン（DK）タイプよりリビングダイニング（ＬＤ）タイプ**のほうが来客者の視線から台所を遠ざけられるため、使い勝手が良いでしょう。また、採光が不十分な場合は居室として認められないため、３部屋あっても、新築販売時には**２ＳＬＤＫ**などと表示される場合があります。この「**Ｓ**」は、サービスルームや納戸を意味する表示ですが、既存住宅として販売される時には１つの居室として表示される場合がありますので、部屋の採光が十分であるかチェックしましょう。

8 収納を考える

「マンションの床を見たら１万円札が敷き詰められていると思え」と言った人がいます。マンションの専有部分を単価で考えてみると、例えば2,500万円で25坪の物件の場合、1坪に１万円札が100枚並べられていると考え、使いもしない物を置いておくといった、スペースの無駄をなくそうということです。

マンションは一戸建と異なり、専有部分だけに限定された利用となりますので、快適な生活を送るためには、なるべく持ち物をうまく減らすといった工夫が必要です。それだけに、すっきりした住空間を生み出すためには、収納スペースの確保とその上手な利用方法がポイントです。

間取図を見て、物入や押入やクローゼットの広さを、畳の長い辺を１間（約1.8ｍ）として何間あるか、ざっと数えてみます。奥行きの明らかに狭いものは間数を少し減らして数え、1部屋の目安としては専有面積70㎡で3間くらいは欲しいところです。また、それぞれの居室ごとに収納スペースがないと、部屋の使い方にもよりますが、その分別途に家具を入れなくてはならないことになり、実際に使えるスペースが減ってしまいます。

収納スペースの高さや奥行きもポイントになります。現地を見る時には、押入であれば天袋または枕置きの棚があるか、物入やクローゼットでも、その半分の高さではなく**1.8ｍ以上の高さがあるか**、また洗面所のリネン用の棚や玄関の靴入れの収納量も、自分の家族の状況を考え、1人何足ずつ収納できるか確認してみましょう。また、収納内部の棚や仕切りなどについても、収納がしやすく使いやすいようにつくられているかを見てみましょう。

それぞれの収納部分の扉の開閉状況も確認します。収納スペースはある程度取れていても、収まりの関係で扉が途中までしか開かず使いづらいと

いうことや、廊下などの場合は大きなものがとても入れづらいということもよく見かけます。また、厨房セットの扉なども十分に開かないために、せっかくのスペースが生かせないものも見かけます。

　マンションは専有部分の限られたスペースを工夫して、間取りが広く取れるように設計されていますので、ただ単に収納スペースが広く取れていればいいというものではありません。専有面積当たりの収納スペースの目安としては7〜10％くらいが妥当でしょう。ただし、洗面室・浴室・トイレなどの壁に、ちょっとした棚があるだけで、タオルや小物の収納ができて、部屋がすっきりして、便利に使えます。当初設計された時に、収納のための配慮がどれほどなされたかを見るのもポイントになります。

　スーパーなどの大型店に行くと、収納のためのグッズもいろいろと充実しています。限られた収納スペースにより多くの物を入れ、使い勝手も良くするためには、これらの物をうまく使うことも、快適な生活につながります。厨房セットや洗面台の下も、少し棚を入れるだけで収納力や使い勝手が良くなります。

　さらに収納物の多い方は、一つの考え方として、一番小さな居室をウォークインクローゼットとして収納専用部屋に使うことによって、他の部屋に置く家具を減らし、部屋全体をすっきりさせるという方法もあります。

　マンションの収納は、物件自体の収納スペースの問題と、お住まいになる皆さんの持ち物を減らす努力の結果ということになります。何年かに一度しか使わない物は、1万円札の上に物を置いていると思って、できるだけ処分するなどの工夫をしましょう。

第4章　マンションのチェックポイント

ワンポイントコラム

＜使わない物を捨てる＞

　マンションライフを快適に過ごすためには、使わない物を捨てることです。家の中にある服なども含めて物を見た時に、めったに使わないとかいつかは使うかもしれないといったものは、よほど高価でなければ処分します。思い出の品々もなるべく最少限にします。収納スペースを有効に使うために、大型スーパーやＤＩＹ店にある収納便利グッズを上手に活用しましょう。書店に行くと、収納を工夫するための書籍が結構あります。

9 専有部分をチェック！

マンションライフでは、自分たちが自由に使える専有部分の内部を細かく確認するとともに、住戸がマンションの中のどのような位置にあるのかもチェックしましょう。

●住戸位置

初めに住戸の位置を確認します。住戸の方位は東西南北のどの方向か、何階にあってエレベーターからの位置はどの辺か、左右に住戸があるか、その階の端か、といった点です。

住戸のメインとなるバルコニーの向きが住戸の方位になりますが、メインの方位が大きな要素です。真南向きがベストなのは言うまでもありませんが、東向きですと午前中しか日照がなく、西向きは午後からの日照時間が長く、特に夏場は西日で室内がかなり暑くなりますので、よく考えて選びましょう。北向きは日照がありませんので、できれば避けたほうがよいでしょう。

階数については、上へ行くほど日照・通風に加えて眺望も良くなりますが、移動時間が長くなるといったデメリットもあります。大きいマンションですとエレベーターから住戸までが離れていたり、エレベーターが隔階止まりの場合もありますので、エレベーターと住戸の動線も確認しましょう。

図面上では、左右に窓がないので中住戸だと思っていたら、窓がないだけの角住戸だったという場合もありますので、中住戸か角住戸かについても間取図だけで判断しないで、現地で確認しましょう。

●専有面積

専有面積ですが、表示方法が2種類あります。1つが「壁芯面積」といって、専有部分を囲む壁の中心から内側を算出するもので、新築マン

【壁芯面積と内法面積】

壁
壁の中心線 ―― 壁芯面積　内法面積 ―― 壁の内側
ドア

ションはこの表示でなされ、既存住宅でも多くがこの表示となっています。
　もう１つが「**内法面積**（うちのり）」といって、専有部分を囲む壁の内側で算出するもので、登記簿に記載されているものです。登記終了後に登記簿の面積を見ると、初めにもらった資料より小さく表示されていることもあります。

● 日照・通風・眺望

　バルコニー側にある、人が出入りできるサッシや窓、玄関やバルコニーなどのドアといった開口部が、日照や通風を考えた時にどのようになっているかを確認しましょう。バルコニーに面したサッシは、日照を採り入れるのに十分な高さや大きさが確保されているかどうかで、生活する家族の雰囲気も変わってきます。

　それぞれの居室の日照や通風についても、快適に生活ができるかどうかという目で確認します。マンションは気密性が高く、一度室内にこもった空気は抜けにくいため、冷暖房の効率はいいのですが、湿気や臭気はこもりやすいので、通風面のチェックは一戸建よりも重要です。物件案内で見

た状況は、**1年間の移り変わりの中のほんの一瞬である**ということも十分に理解したうえで観察するとともに、居住者の方がいれば真夏や真冬の状況について聞いてみるのもいいでしょう。

　既存マンションの特徴として、モデルルームを見て購入の決断をする新築マンションと違い、実際の眺望を確認できます。低層階ですと前の家や大きい樹木との関係を、上層階ですとバルコニーや窓からの景色をよく確認してみましょう。冬に見た落葉樹は夏には葉が繁りますので、景観や日照が変わります。

●コンクリートの厚さ

　マンションを構成するコンクリート板を「**スラブ**」といいますが、このスラブがどのくらいの厚さかによって、建物本体の強度や遮音性が変わってきます。マンションライフを快適に過ごすためには、この遮音性の問題は大きく、逆に上下階や隣同士でトラブルが起こりやすいのも音の問題です。外壁や床のスラブの厚さは 15cm 以上は必要で、現在建築されているものは 20cm 以上のマンションもあります。スラブが厚い分、コンクリートが重くなり、建物全体へ負荷がかかりますので、厚ければいいというものではなく、20cm くらいが限度となります。

●床・壁・天井

　床は和室と水回りのある部屋を除いてカーペットかフローリングとなっています。カーペットをフローリングに交換したい場合は、可能かどうかを必ず確認しましょう。フローリングの場合は、床の工法が「**直張り**」と「**二重床**」の2種類あり、「直張り」はコンクリートの上に直接仕上げ材を張る方法で、「二重床」はコンクリートの床とフローリングの間に空間を持たせる方法です。どちらもカーペットに比べると遮音性能が劣りますので、ゴムなどの遮音材を挟むなどの対策が必要です。

　水回りの床は、ビニールシートやタイルなどになっていますので、汚れやハガレがないかを見ます。和室の畳についても、傷み具合を見て張り替えの必要があるかを確認します。

壁と天井は、和室を除いてビニールクロスになっている場合がほとんどです。ビニールシートは湿気によってカビの生える場合があり、家具の後ろなどに発生していることがよくあります。また、クロスの張り替えをしないで入居しようとしている場合は、汚れやハガレをよく見ましょう。

 壁と天井で特にチェックしなくてはならないのが、梁の出具合と天井の高さです。梁は建物本体を支えるための構造上のものと、上下水道や換気扇などの配管によるものがありますが、絶対になくすことはできません。天井の高さについても、低い時には住んでから圧迫感を感じる場合もありますので、**低い部屋でも2.2m以上は確保したい**ところです。

 天井や壁の梁は、実際の面積や高さよりも狭く感じさせますし、採光に影響を及ぼすこともあります。設置しようと思っていた家具が入らなくなることもありますので、幅や高さをメジャーでよく測っておきましょう。

●設備

 設備についても、一つひとつ見ていきましょう。まずキッチンですが、シンク・ガスレンジ・調理台などの全体的な配置や使い勝手と汚れ具合に加え、水道栓の水とお湯の切替えや水圧、排水の流れ具合、ガスレンジの火力、レンジフードの吸い込み具合、戸棚の開閉などを確認します。シンクや調理台の高さも、奥様が腰を折らず立てて、もちろん高すぎないかどうかを確認します。

 風呂は、浴槽の大きさ、給水や給湯の具合、追い焚きは可能か、シャワーの水の出具合、換気扇の具合などです。

 電気関係は、まず電気容量のアンペア数で、面積や設置された設備によって異なりますが、通常は30～50アンペアくらいで、不安であれば容量の増加が可能か確認します。それと、冷暖房器具やスリーブ穴（配管等のために、壁にあけた穴）の位置、インターホンの具合、コンセントやテレビアンテナ用端子の位置、電話用端子の位置なども確認しましょう。

 給湯器の能力が十分にないと、せっかく何カ所かにお湯が出るようになっていても、同時に使うことができません。普通は16号から20号が標

準で、2カ所給湯なら16号、3カ所なら24号であればOKです。

> **ワンポイントコラム**
>
> **＜水回りの汚れや傷み＞**
>
> 　専有部分を見た時に、間取りや面積といった基本的条件が希望にかなっていても、どうしても気になってしまうのが水回りの汚れや傷みです。汚れについては、専門の業者にクリーニングしてもらえば、かなりの汚れまで落とせます。しかし、傷みや劣化は補修や交換をしないと直りませんので、状況がひどい時はほかの部分と一緒にリフォームの見積りを取ってから検討しましょう。

10 駐車場などの専用使用部分をチェック！

　駐車場や専用庭などは**「専用使用部分」**といって、マンション所有者全員の共有の部分ですが、特定の区分所有者が専用に使用できるようにしたものです。専用使用部分としてはそのほかに、駐輪場、バルコニー、ルーフバルコニー、トランクルームなどがあります。

　まず、駐車場は敷地外にあるものも含めて、全体で何台分用意されているかを、マンション全体の設置率とともに確認します。100％設置されていれば何の問題もないのですが、既存マンションの場合、「空き待ち」という場合も多いので、どのくらいの期間待てば順番が回ってくるのか、今までの状況を含めて聞いてみましょう。また、使用料、車の大きさの制限、屋根付きかなしか、機械式の場合、上中下段の位置といったことも確認しないと、いざ使う時に支障を来すことも考えられます。満車の場合、近くで駐車料の安いところが見つかればいいのですが、雨の日などを考えると敷地内のほうが便利さを感じられます。

　原付を始めオートバイを持っている場合は、駐輪場所について確認する必要があります。原付の場合は、自転車用駐輪場に止めることを認めているケースもありますが、一般のオートバイは車と同じ扱いにしている場合も多く見かけます。

　専用庭やルーフバルコニーも、使用料と使用規則（細則）をよく確認しましょう。両方とも、使用についてはかなり厳しく制限されており、専用庭ですと洗濯物を干すのと小さな花を植えるくらいまでしかできないと考えたほうがよいでしょう。ルーフバルコニーも物置など物の設置は認められておらず、バーベキューなど火気を使うことも安全上禁じられていますので、住んでからの使い方に夢をふくらますのは自由ですが、あくまでも空間を独り占めできるという快適さが中心と考えたほうがいいでしょう。

トランクルームのあるマンションの場合は、専用使用権として駐車場のように使用料を支払って使用しているケースと、トランクルーム自体を区分所有者に分譲しているケースがありますので、利用の方法について確認しておきましょう。

ワンポイントコラム

＜駐車場の確保＞
　既存マンションの場合、敷地内の駐車場がすぐに確保できないことがあります。このような時は、そのマンション周辺の利用可能な駐車場の場所や金額について、物件の検討段階で不動産会社に調べてもらいましょう。逆に昨今では、空き駐車場がある物件も多く見られます。

第4章　マンションのチェックポイント　まとめ

❶　マンションの形態には、1棟だけの単体、大規模ニュータウンとして何十棟も建っているもの、高層マンションなどと様々だが、それぞれの特徴をよく理解したうえで、自分に合った物件を探す。

❷　「**マンションは管理を買え！**」と言われるほど、管理の状況によって住み心地や資産価値に差が出てくる。既存で買う時には実情の確認ができるので、管理や補修の実績・現状の管理状況などを細かくチェック。

❸　新築された時に分譲した不動産会社や、建築施工した建築会社であるゼネコンをチェックし、信頼性が高く建築実績の多い会社を選択することが重要。

❹　マンションは、丈夫で長持ちするのが一番の特徴で、主要構造部分（躯体）が鉄筋とコンクリートでつくられており、主な構造としては**RC造とSRC造**の2種類がある。

❺　建物に店舗・事務所・ワンルームなどが含まれていると、生活にいくつかの悪影響を受けることも予想されるので、その有無をしっかりチェック。

❻　共用部分も所有者の大切な資産なので、エントランス・エレベーター・集会室などの共用部分について、印象や大きさや傷みなどをチェック。

❼　家族にとって使いやすい間取りを選べるように、**部屋の形・LDKの分け方・居室の広さ・バルコニー**などと、部屋の行き来である**動線**をよく確認。

❽　収納スペースは、専有面積当たりの目安としては7～10％くらいが妥当。これに加えて、収納部分の上手な利用方法と持ち物を減らす努力が快適な生活環境をつくる。

❾　専有部分のチェックは、部屋の位置や方位、面積が壁芯（へきしん）か内法（うちのり）か、日照や通風の状況、スラブ厚、梁や柱の出具合を含む床・壁・天井の状況、

各種設備などを確認。
⑩　駐車場の空き状況を確認するとともに、ほかの特定の区分所有者が専用に使用できる専用使用部分についても、必要に応じて確認。

第5章

一戸建ての
チェックポイント

1 敷地の状況をチェック！

　一戸建の場合、すでに建物が建っている状況で物件を検討することになりますが、敷地である**土地の価値を見抜く**ことが、何より大切なことです。特に既存住宅の場合、一般的には価格に占める土地の割合がかなり多くなっています。建物は老朽化していきますが、土地は不変で資産価値も建物のように大きく変動していくことはありません。土地の価値は、将来建物を建て替えるとした場合に、いかに希望に応じた建物を建てられるかということがポイントになります。

　敷地を見るに当たっては、まず敷地の形が建物を建てやすいかどうか、建物を建てた後に庭やカーポートにも使えない無駄な部分がないかを見ます。なるべく正四角形に近いほうが良く、極端な長方形や台形や三角形の敷地は、無駄な部分が生じますのでご注意ください。敷地の形が旗竿形になった土地の場合、竿の部分を「**敷地延長（略して敷延）**」と呼びますが、この部分の幅が２ｍ以上あってカーポートとして無駄なく使えば、問題はありません。

　敷地が面する道路がどの方向かを、磁石などを使って現地でも確認します。北→西→東→南の順で日照条件が良くなり、さらに角地は使い勝手が良いために価値が高まり、最も価値のあるのが東南角地です。

　敷地と周りの敷地とが平らであればいいのですが、高低差がある場合はどのような状況かについても確認します。特に検討している物件より南側敷地のほうが高い場合は、隣地の建物によって日照に大きな影響が出ますので、晴れた日に見るなどしてよく確認しましょう。ただし、日照を見ても365日の一瞬だけの確認ですので、特に冬場がどうなのか、居住している方がいれば聞いてみましょう。

第5章　一戸建のチェックポイント

【一戸建のチェックポイント】

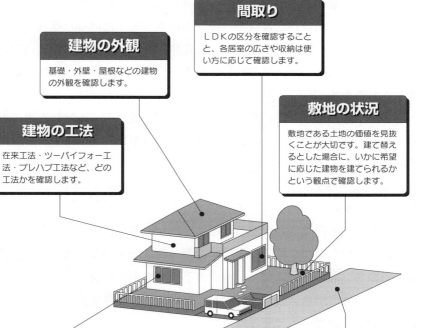

建物の外観
基礎・外壁・屋根などの建物の外観を確認します。

間取り
LDKの区分を確認することと、各居室の広さや収納は使い方に応じて確認します。

建物の工法
在来工法・ツーバイフォー工法・プレハブ工法など、どの工法かを確認します。

敷地の状況
敷地である土地の価値を見抜くことが大切です。建て替えるとした場合に、いかに希望に応じた建物を建てられるかという観点で確認します。

建物内部
そのままで使えるのか、多少は手を加えないといけないのかといったことや、雨漏りや建物の傾きが発生していないかなどを中心に確認します。

道路と敷地の関係
敷地が2m以上接道しているか、公道か私道か、セットバックは必要かなどを確認します。

敷地の周辺の地形についても観察して、どのような地勢にある敷地なのかを見ます。全体的に平坦なのか、それともどちらかの方向に傾いているのか、またその傾き具合はなだらかなのか急なのかといった状況のことで、緩やかな南向きひな壇というのが一番理想的です。当該敷地が周辺の地形の中で、特に低めの場所に位置している場合は、排水や通風に影響があることもあります。

　雨の日や雨が降った後に敷地を見ることができたら、水はけを見ておきましょう。通常敷地内には、生活雑排水用の排水管と雨水用の排水管が地中に埋められており、それぞれにいくつかの枡（ます）が設けられています。雨水は、地中に染み込むか、これらの枡から排水管を通って流れ出るようになっています。

　隣地や道路との高低差があるために擁壁（ようへき）がある場合は、目立った亀裂などが入っていないかを確認します。擁壁の高さが１ｍ以上もあって傾斜している場合、擁壁部分に加え、擁壁の下部が土の中に埋設された部分についても、擁壁の所有者の敷地になり、有効に使える敷地面積から割り引かなくてはなりませんので要注意です。

　地震の多い日本では、地盤も気になるところですが、素人目では確認するのは難しいと言えます。敷地の地盤面を見渡して、見た目にも１ｍ四方以上の大きさで陥没している箇所が見られるといった状況であれば、確認を要します。このような陥没のある物件はめったにありませんが、敷地の周りに高さが１ｍ以上ある擁壁に接した敷地の場合は、上記のように擁壁と敷地の地盤面を念入りに観察しましょう。

　隣の敷地が住宅であればいいのですが、住宅以外の場合にはどのような利用をしているかを十分に確認する必要があります。その敷地の利用の仕方によっては、人の出入りが多かったり、騒音や臭気や振動といったことが発生する可能性もあり、こちらの居住生活に影響を及ぼすこともあり得ますので、よく確かめましょう。

　敷地近くや敷地内の上空に送電線が通っていることがあります。敷地内

上空を少しでも通過している場合は、建物の建築などに関して規制を受けることがありますので、確認しましょう。

　敷地の境を明示するための境界標についても、引渡しまでに確認します。引渡しを受ける前に、不動産会社の担当者が立ち会って確認することになりますが、引渡しを受けてから地中に埋まってしまうこともありますので、測量図などをもとにどのような境界標が入れられているか、確認することが必要です。境界標を結んだ線が境界になりますので、お互いに建物の軒や塀、植栽などが越境していないかを確認し、もし越境があれば書面などで相互に確認する必要が生じる場合もあります。

> ワンポイントコラム
>
> **＜近隣建物の用途を確認＞**
>
> 　近隣に一戸建以外の建物があれば、用途をしっかり確認してみましょう。アパートなどの場合はどんな居住者か、小さな工場や作業場なら音や振動の状況と人の出入りなどを観察します。また、周りがすべて居住用の一戸建住宅だとしても、ピアノの音や犬の鳴き声などがうるさくないかも確認してみましょう。

2 道路と敷地の関係をチェック！

　何げなく歩いている道路と敷地の関係によって、敷地に建てられる建物の大きさなどにいろいろな影響が出てきます。建物を建築するためには、公道または役所に認定された私道などに敷地が **2m以上**接していなくてはなりません。もしも、敷地が道路に2m以上接していなければ、今は使える建物が建っていても、将来建て替えることができません。

　道路の種類ですが、**「公道」**であれば大きなひび割れや穴が開いたなど、何か不都合があったとしても、管理などについて公的機関が行ってくれますので問題はありません。一方、**「私道」**の場合は、私有財産として所有者がすべてをまかなうのが原則ですが、すでに道路として使われてきたものですと、勝手に道路を廃止するなどの変更ができず、買主にとっては何らかの負担や利用制限を受けることもありますので、確認しましょう。

　私道部分の価格は、取引に際して割安には設定されていますが、固定資産税も課税されます。道路が舗装されていない場合は私道の場合が多く、将来も未舗装のままであることを前提に考えましょう。また売買対象不動産には含まれていませんが、日常使用する接面道路が私道の場合には、通行料や使用料といった負担の発生することもありますので注意してください。

　敷地に面している道路の幅員については **4m以上**の幅があるか確認します。4m未満の場合には、**「セットバック」**といって道路の中心線から2m以上後退した線が道路の境界線とみなされます。不動産会社からもらう物件資料には必ず表示されていますが、敷地の一部を道路部分として負担しなくてはならず、この部分には建物も建てられません。敷地の面積だけでは判断できない要素ですので、小さめの敷地の場合は影響も大きく、要注意です。

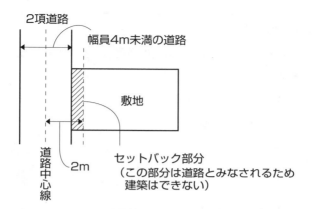

隣地との高低差については「**1** 敷地の状況をチェック！」で書きましたが、道路との高低差についても生活の快適さに関係してきます。理想的な道路と敷地の高低差は、道路からの目線が建物内の人と合いにくく、道路のレベルから20〜70cmくらい敷地のほうが高いというのが理想です。高低差が大きい場合には、その分階段のスペースが必要になるうえ、上がり下がりの手間と、車庫の工事費がかかるというデメリットがあります。

道路には、ガス管・水道管・下水管などが埋設されており、敷地と結ばれています。地中に埋められていればいいのですが、側溝が道路の脇にフタもされずに見えている場合は、流されているものと流れ方を確認します。雨水だけの側溝で、スムーズな流れであれば問題はありません。

また、30坪を切るような小さめの敷地が、道路に面さずに敷地延長や私道の奥にある場合に、道路側の敷地を横切って配管されていることがあります。こういったケースでは、管の不具合などがあった時に修理がしにくいなどの事態もあり得ますので、配管の場所を確認しておきましょう。

道路際や敷地内に電柱が立っている場合は、移動できないことを前提に考えましょう。車の出し入れや建物の増築などでじゃまになる時や、防犯上で位置が悪い時もあると思います。設置者である電力会社に掛け合うと移動してくれることもありますが、条件によっては必ず対応してくれるというわけではないことを理解しておきましょう。

【道路と敷地の関係】

　敷地に建築するには、**幅員4m以上の道路（＊）に2m以上接して**いなければなりません。

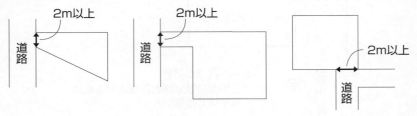

＊ここでいう**「道路」**とは、次の条件に該当するものを言います。

❶ 公道（道路法による道路、都市計画法、土地区画整理法等による道路）で**幅員4m以上**のもの

❷ 公道として2年以内につくられる予定のものとして特定行政庁が指定したもので**幅員4m以上**のもの

❸ 私道（個人が所有するもの）で**幅員4m以上**あり、かつ、一定の技術的基準に適合するもので、特定行政庁からその位置の指定を受けたもの（**位置指定道路**と呼ばれている）

❹ 法が適用された時すでにあった道（公道、私道を問わない）で**幅員4m以上**のもの

❺ 法が適用された時すでに建築物が立ち並んでいる**幅員4m未満**の道で特定行政庁が指定したもの（**2項道路**と呼ばれている）

【前面道路が4m未満の場合】

　建物・門・塀などを、道路の中心線から2mのところまで後退（セットバック）させなければなりません。この道路は建築基準法が適用される前からあった道路で、**「2項道路」**または**「みなし道路」**と呼ばれています。

　セットバック部分は、建築対象敷地面積から除外されますので、建ぺい率・容積率を算出する際には注意しましょう。

3 建物を外から見てみよう

　一戸建住宅を検討する際には、建物の外側を一周して、基礎・外壁・屋根などの建物の外観をチェックしてみましょう。建物の表面に、髪の毛程度のひび割れがある場合であれば問題ないのですが、幅が0.5mm以上ある大きめのものが至る所にあれば、雨漏りや家の傾きといったことも考えられますので、十分に注意してチェックしましょう。

　まず「基礎」ですが、建物を支える重要な部分で、建物が沈下したり傾斜したりといった障害が起きないように、支持地盤の上にしっかりと据えられているはずです。木造住宅の場合は、「布コンクリート基礎（布基礎）」といって、コンクリートと鉄筋でつくられた帯状のものが地中に据えられ、地上に何十cmか出ています。地盤が弱かったり、湿気の多い土地といった場合には、通常は土のままである建物の立っている床下部分の地面を、すべてコンクリートで固めてしまう「べた基礎」という方法を採り入れることもあります。

　布基礎の部分については、地上部分にちゃんと出ているか、また大きな亀裂が入ったり破損していないかを確認します。また外周りの布基礎については、5m以内の間隔に1カ所以上の床下換気口を設けることが義務づけられていますので、適当な間隔で設けられているかを確認します。

　「外壁」ですが、その機能として防水・耐久・断熱・遮音などの性能が求められます。仕様としては、「モルタルリシン吹き付け」「スタッコ仕上げ」「タイル張り」「サイディングボード張り」「板張り」などがあり、いくつかの種類が組み合わされていることもあります。

　チェックポイントとしては、クラックといって亀裂の大きめのものはないか、はがれていたり破損しているところはないか、塗装のはがれているところはないかといった点です。またベランダや手すりなどがある場合は、

取付けはしっかりしているか、金属部分に激しいサビはないかといったことを確認します。

「屋根」ですが、機能は雨漏りを防ぐ防水性を始め、外壁と同じ性能が必要となります。形としては、一般的に多く見られる「切妻(きりづま)」「寄せ棟(よむね)」のほかにも「入母屋(いりもや)」や「方形(ほうぎょう)」など様々な形状があり、屋根の勾配(こうばい)によっても雰囲気は大きく変わります。

また、仕様としては、和瓦や洋瓦で屋根を葺(ふ)いた「瓦葺(かわらぶき)」、石綿スレートで葺いた「スレート葺」、亜鉛メッキ鋼板で葺いた「亜鉛(あえん)メッキ鋼板葺(こうばんぶき)」などがあり、瓦にも高価な焼き物と一般的なセメントのものがあります。

屋根のチェックは、なかなか見えにくいために難しいですが、屋根の形状と、何で葺いているかという仕様を確認しましょう。地上から見ただけで、破損や瓦のズレがあれば問題です。また、軒の出方が周辺のほかの家と比べて小さくないか、雨どいが曲がったり破損したりせず、しっかりとくっついているかといった点を確認します。最も重要なのが雨漏りの確認ですが、室内で確認するとともに、居住している方にも雨漏りがないか聞いてみましょう。一般的に、屋根の形状が複雑なほど、雨漏りが起こりやすいと言えます。

外周りとしては、門扉や塀などの外構についても、傷みや破損がないかを確認します。また、庭木や庭石などについても、目に付いた物は取引対象に入っているのかを確認してみましょう。買主としては不要な物を、売主が置いたままで引き渡されて困ることもありますので、大きいものはその場で確認して、細かいものについては契約時に確認します。所有している自家用車が入るかどうか、カーポートの大きさにも注意が必要です。

第5章 一戸建のチェックポイント

基礎

基礎
建物の重さをしっかり地盤に伝え、建物が沈んだり傾斜したりということがないようにするためのもので、コンクリートでつくられています。基礎の外周部は、床下の換気が十分にできるように床下換気口を必ず設けます。また、間仕切壁の下部にも内部換気口として設けます。基礎は、大きく分けて2種類あります。

布基礎

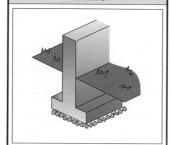

建物の外周や主要な壁を支えるために連続一体化している基礎を言います。布基礎の断面形状は上部からの荷重を分散するため逆T字型にして、底面を広くします。

べた基礎

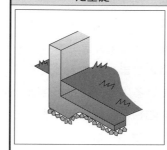

建物の底部全体に網目状に鉄筋を配し、床下全体をコンクリートで固める基礎を言います。縁の下を持たない床をつくる場合や、軟弱な地盤の上につくる場合に用いられます。

屋根

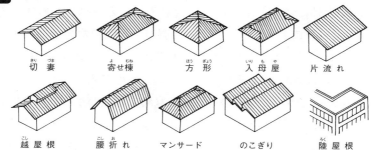

切妻　寄せ棟　方形　入母屋　片流れ
越屋根　腰折れ　マンサード　のこぎり　陸屋根

4 建物の内部を見てみよう

　建物の内部については、そのままで使えるのか、多少は手を加えないといけないのかといったことを考えながらチェックしていきましょう。また、欠陥住宅で重要な問題となる雨漏りと、建物の傾きが発生していないかという点についても、しっかりと確認していくことが重要です。

●玄関

　玄関口は、道路や周りの家からの目線がどうなるかをチェックしましょう。周りから全く見えないのも安全上好ましくありませんが、全く段差がなく目線がまともに入ってくるようですと、玄関ドアを開けるたびにのぞかれているようで落ち着きません。このような場合は、植木などを植えて目線を和らげられれば解決します。ガラスなどがあれば、割って侵入できないように格子などが入っているかなどの安全性についても確認します。鍵の具合も見てみますが、物件引渡し後に別な種類に交換したり、心配であれば2つ付けたりもできます。

　玄関の外側に軒の張出しがないと、雨の日に出入りする際に雨を防げずに不自由をします。勝手口があれば、玄関と同様に安全性についてのチェックをしましょう。

●床・柱・廊下

　床の仕上げには、寄木(よせぎ)フロア、合板張り、カーペット敷き、畳、ＣＦ（クッションフロア）シート、タイル張り、石張りなどがあります。床のチェックポイントは、傷みの目立つものはないかといった点に加え、そりや下がりはないか、きしみはないかといった点です。

　生活していくうえで支障のありそうな傾きが見つかった場合には、重大な問題ですので、不動産会社の担当者によく状況についての確認をしたほうがいいでしょう。傾きを確認する方法としては、パチンコ玉やビー玉な

どを床において、転がるかどうかを確かめるのが簡単でわかりやすいです。

　柱の材質としては、ヒノキ、杉、松、ツガ、ヒバなどがあります。柱のチェックポイントは、そりやねじれといった変形がないか、大きなキズがないかといった点です。

　廊下や階段の幅についても確認し、あまり狭いものは日々使うのに勝手が悪く、家具や大きい荷物などを運ぶことができない場合もあります。幅としては、住宅金融支援機構のバリアフリー基準になっている手すりなどを除いて 78cm 以上が目安になります。また、階段の角度についても、あまり急すぎるのは生活するのに不便です。

●壁・天井

　建物の中の壁は、種類が非常に多くあり、繊維壁などの塗り壁、布やビニールのクロス、合板、石膏ボード、タイルなどです。壁のチェックポイントは、汚れやシミ、ハガレや破損はないか、タイルなどの場合は割れやハガレはないかといった点です。部屋の一部や１室だけが新しいクロスになっていたら、雨漏りなどの修理の可能性もありますので、理由を聞いてみたほうがいいでしょう。

　天井の種類は、和室の天井や床の間に使われる杉柾（すぎまさ）などの化粧合板、布やビニールのクロス、ラワン合板ＯＰ塗り、プラスターボード、ベニアなどがあり、チェックポイントは、破損や変形や汚れはないかといった点と、高さについても、低い場合はメジャーなどで測ってみて、２.２ｍ以上あれば大丈夫でしょう。天井や壁に雨漏りのシミ跡がないかもよく見て、もしもあれば、雨漏りの状況やいつのものか、その後どのように対処したかといった点について確認をする必要があります。

●建具

　ドア・窓・網戸・雨戸などの室外の建具と、内部扉・フスマ・障子などの室内の建具を、動かしてみたうえで確認します。閉めた時に隙間ができないか、破損・変形・作動不良などがないか、ガラスにひびや割れがないかを確認します。閉めた時に隙間ができる場合や作動不良の場合は、建具

だけが問題か、あるいは家の立て付けの問題かということも含めて、よく確認しましょう。建具の不具合から、建物本体の傾きといった大きな問題が発見されることもありますので、建具を閉めた時に隙間ができて、枠自体が水平垂直でない場合には要注意です。

●床下

床下が点検口からのぞける状態であれば、のぞいてみましょう。台所などの床下収納庫が点検口になっている場合も多く、収納物が少なく中の容器を取り出すことができるのであれば、見せてもらいましょう。普通は床下の地面は土のままですが、一面にコンクリートが敷かれていればべた基礎です。物が放置されていたりして、明らかに汚い場合は、不動産会社の担当者に相談してみましょう。

なお、最も気になるのがシロアリの発生ですが、床下の木部が明らかに腐っていたりシロアリ自体が見つかったというようなことがないと、素人が見つけるのは困難です。もしも周辺の住宅でシロアリが発生したなどの情報があるのであれば、専門の業者に調査の依頼をすることをお勧めします。

●設備

各種設備についての確認もします。まず台所セットですが、シンク・レンジ・調理台などの全体的な配置や使い勝手は良いか、高さは使う人が腰を曲げたりせずに使いやすいか、汚れや傷み具合は大丈夫かといった点を見ます。水道の水やお湯の出具合、排水の流れの状況、レンジの火力、換気扇なども実際に作動させて確認しましょう。

風呂は部屋の広さや浴槽の大きさと、給湯器がガスか電気か、風呂専用か他の給湯と一緒のタイプかといったこと、またカビが発生しやすい場所ですので、カビが出ていないかもよく見てみましょう。室内に風呂釜があるタイプですと、換気方法も確認します。

水道について、排水の方法がどのようになっているのかを確認します。汚水と雨水が分流している本下水方式であればベストです。トイレの処理

が浄化槽方式の場合もありますが、設備に不具合がなければ問題はありません。

　冷暖房などの空調機については、取引物件に含まれているのかや、種類や作動状況を確認します。テレビアンテナが、各戸ごとか住宅地の集中アンテナかケーブルテレビかなど、引き込み方法の確認をします。テレビや電話の端子のある場所、電気のスイッチの作動状況なども確認します。

　ガスについても、都市ガスかプロパンかの確認をします。そのほか、洗面化粧台・吊り戸棚・造り付け家具などについても、全部扉を開けてみて大きさや作動状況を確認しましょう。

【建物内部のチェックポイント】

間取り	○ 間取りや動線は使いやすいか ○ 収納スペースは確保されているか ○ 各部屋の日照や通風は取れているか ○ 台所の使い勝手は良いか
内装	○ 建物全体の床にきしみや傾きはないか ○ 廊下や階段の幅は確保されているか ○ 天井や壁にハガレ、破損、雨漏りのシミ、カビはないか ○ 建具はスムーズに作動するか ○ 給排水設備周辺に水漏れのシミはないか ○ 木部の腐食はないか ○ シロアリの被害はないか
設備	○ 電気の容量、換気設備は大丈夫か ○ ガスの種類や火力は問題ないか ○ 給水栓やトイレの水量や排水は大丈夫か ○ 設備はきちんと作動するか

5 間取りの特徴をつかむ

　一戸建の間取りは、その家々によって個性的なものも含めて様々なバリエーションがありますが、ここでは標準的なファミリー向けの**「居間・食堂・台所（ＬＤＫ）＋いくつかの居室」**を例にとって述べます。なお、間取りが個性的なものは、もしも売却することになった際に、一般的な間取りの物件に比べ、個性があるぶん売りにくいということを先に頭に入れておいてください。

　ＬＤＫの区分には、それぞれ特徴があります。ＬＤ＋Ｋの居間食堂一体で台所独立タイプは、台所という汚れやすい場所を見られずに済みますが、食べ物を運ぶ手間がかかります。最近では、食堂と台所の間にカウンターを設けて、食事中の家族と調理中の方が会話できるようにしたものもあります。

　Ｌ＋ＤＫの独立居間とダイニングキッチンタイプは、来客が多い場合に居間を独立して使え、食事場所との分離を図れるとともに、食事関係がまとまるので便利ですが、食事の横で調理するため落ち着かないというデメリットがあります。

　ＬＤＫがそれぞれ独立したものと、すべて１室になったものがありますが、すべて１室の場合は家具などを上手に使い、分離した雰囲気をつくるといいでしょう。どのタイプも、メリット、デメリットがありますので、それぞれご家族の生活を考えて選択するのがいいのですが、既存住宅の場合は後でリフォームしたり、家具などで仕切る方法もありますので、希望物件があればＬＤＫの区分にあまり固執しないで考えたほうがいい家選びができます。

　居室についてですが、子供の勉強部屋とか主寝室といった目的に応じて、その部屋で使おうと考えている家具がすべてきちんと納まるかを考えて、

【LDKの区分】

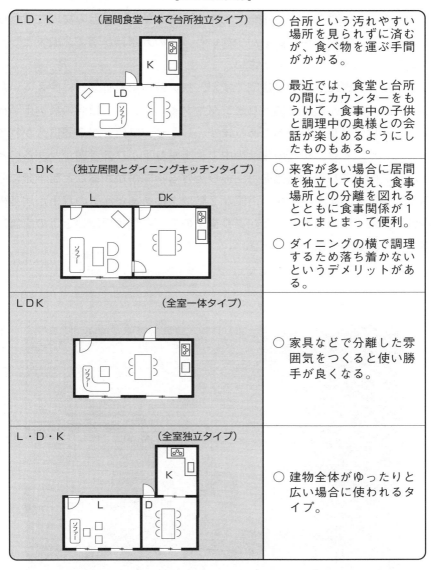

LD・K （居間食堂一体で台所独立タイプ）	○ 台所という汚れやすい場所を見られずに済むが、食べ物を運ぶ手間がかかる。 ○ 最近では、食堂と台所の間にカウンターをもうけて、食事中の子供と調理中の奥様との会話が楽しめるようにしたものもある。
L・DK （独立居間とダイニングキッチンタイプ）	○ 来客が多い場合に居間を独立して使え、食事場所との分離を図れるとともに食事関係が1つにまとまって便利。 ○ ダイニングの横で調理するため落ち着かないというデメリットがある。
LDK （全室一体タイプ）	○ 家具などで分離した雰囲気をつくると使い勝手が良くなる。
L・D・K （全室独立タイプ）	○ 建物全体がゆったりと広い場合に使われるタイプ。

部屋の大きさを確認します。また、すべての居室に1間（1畳分）以上の物入があるのが理想的で、最低でも半間（0.5畳分）以上の物入を確保したいところです。部屋の収納が少ないと、その分家具が増え、結果として部屋が狭くなると考えてください。

　最近増えてきた3階建て住宅ですが、狭い敷地でも有効的に使えていたり、家族の団らんの場であるリビングやダイニングを、日照の良い上階へ配置するなどメリットが多々あります。しかし、フロアが3層に分かれているということは、毎日の生活の中で、上がり下がりの手間がかかるのと、台所が2階であれば食料品を毎回運び上げる手間がかかることを十分に考慮して選びましょう。また、浴室が2階以上にあると、その真下が居室の場合は入浴の音が伝わることがありますので、各階の部屋の上下の配置関係をよく確認して決めてください。

6　建物工法の特徴を知る

　一戸建住宅には、つくられた材料や構造によって特色のあるいくつかの工法があります。既存住宅を選ぶ場合に、これらの工法にあまりこだわりすぎるというのは上手な探し方ではありません。といいますのは、選択の優先順位として、敷地条件や間取りなどに重点を置いて物件を選んだほうが、一般的には住んでからの満足感が高いからです。しかし、住宅選びに際しては住み心地や将来の増改築などに少なからず影響がありますので、それぞれの特徴を理解したうえで物件を探しましょう。

　木造の一戸建住宅の建築工法は、古くから我が国の木造建築で取り入れられてきた「在来工法」と、元来、北アメリカで発達した木造住宅の工法を日本に導入した「ツーバイフォー（2×4）工法」に大別されます。

　在来工法は、柱や梁を中心とした構造体で建物を支える構造で、軸組工法とも呼ばれています。日本の各地域の気候や風土に合っており、伝統的な工法に加え接合部に金物を用いるといった様々な改良がなされてきています。

　この工法は、まず鉄筋コンクリートでできた基礎の上に木でできた土台を置き、その上に柱を垂直に立て、柱に梁や桁などの横に架ける部材で骨組みをつくり、筋違などで補強します。骨組みができたら、角材や板を縦横に組み合わせて、壁・床・屋根などを付加して全体を構成します。

　基本的には大工さんや職人さんによる手作りの家で、設計者や実際につくる施工者の技量によって完成状況に差が出ることもあります。柱と梁を中心とした構造体のため、壁をなくすことが比較的自由にでき、増改築が行いやすいと言えます。

　一方、「ツーバイフォー（2×4）工法」は、木材の断面寸法が2インチ×4インチのものを主に使用していることから、この名称で呼ばれていま

す。ツーバイフォー材を基本としてつくられた枠組みと面材で、壁・天井・床の6つの面を構造体とするもので、「枠組壁工法」とも呼ばれています。

この工法は、木材で組まれた枠組みに構造用合板を釘打ちし、このパネルを耐力壁として一種の箱を組み立てることを基本としていますので、耐震性に優れているという特長があります。ただし、壁などに大きな開口部を設けようとすると、耐力壁の関係で制約を受ける場合があります。

構造部材の組立てを釘や金物で行うために複雑な加工がいらず、大工さんや職人さんの熟練した技術を必要としません。この結果、完成した家は比較的均質に出来上がり、工期も在来工法に比べて短めです。

このほかに「プレハブ工法」がありますが、建物の部材をあらかじめ工場で生産と加工を行い、これらの部材を現場に搬入して組み立てる工法です。構造材料の種類によって木質系・鉄鋼系・コンクリート系の3つに大別され、構造形式などによってさらにパネル工法とユニット工法などに分けられます。特徴としては、工場で生産するために品質のばらつきが少なく、コストも安く生産しやすく、現場で組み立てる時も手間が軽減され、工期が短くて済みます。

コンクリート系でつくられた住宅は、木造のものと違って耐久性・耐火性に優れていますが、増改築に制限があるなどの制約もあります。室内の住み心地はマンションと似た性質となっています。

【一戸建住宅の工法と特徴】

工　法	特　徴
在来工法	○　柱や梁を中心とした構造体で建物を支える構造で、軸組工法とも呼ばれている。 ○　基本的には大工さんや職人さんによる手作りの家で、設計者や施工者の技量によって完成状況に差が出ることもある。 ○　柱と梁を中心とした構造体のため、壁をなくすことが比較的自由にでき、増改築が行いやすい。
ツーバイフォー工法 （2×4工法）	○　ツーバイフォー材を基本としてつくられた枠組みと面材で、壁・天井・床の6つの面を構造体とするもので、枠組壁工法とも呼ばれている。 ○　耐震性に優れているという特長があるが、壁などに大きな開口部を設けようとすると耐力壁の関係で制約を受ける場合がある。 ○　完成した家は比較的均質に出来上がり、工期も在来工法に比べて短め。
プレハブ工法	○　建物の部材をあらかじめ工場で生産と加工を行い、これらの部材を現場に搬入して組み立てる工法。 ○　工場で生産するために品質のばらつきが少ない。 ○　コストが安く生産しやすく、現場で組み立てる時も手間が軽減され、工期が短くて済む。

> ワンポイントコラム
>
> **＜増改築の予定の有無を考える＞**
> 既存住宅の一戸建を検討する時には、購入した家にそのまま住み続けるか、増改築の予定があるのか、とりあえず住んで近い将来取り壊して建て替えるのか、といったことを念頭に入れて購入物件の検討をしましょう。増改築の予定がなければ、工法の違いによる制約を受けることはありませんので、あまり工法のことを気にする必要はないと言えます。
> ちなみに、コンクリート系の建物は建て替える時の解体費用が高めです。増改築の予定がある場合は、想定している増改築内容が可能かどうか確認しましょう。

第5章　一戸建のチェックポイント

まとめ

❶　一戸建の場合、敷地である土地の価値を見抜くことが大切で、見方としては将来建て替えるとした場合に、いかに希望に応じた建物を建てられるかという観点で見る。

❷　道路と敷地の関係により、建てられる建物の大きさなどいろいろな影響が出るので、敷地が2m以上接道しているか、公道か私道か、セットバックは必要かなどを確認。

❸　建物の外側を一周して、基礎・外壁・屋根などの建物の外観をチェック。建物の表面に幅が0.5㎜以上ある亀裂がいくつかあれば、雨漏りや家の傾きといったことも考えられるので要注意。

❹　建物の内部については、そのままで使えるのか、多少は手を加えないといけないのかといったことや、雨漏りや建物の傾きが発生していないかという点を中心にチェック。

❺　LDKの区分については、既存住宅の場合、リフォームや家具で仕切るなどの対応もできるので、希望物件があればあまり固執しないほうがいい家選びができる。各居室の広さや収納は使い方に応じて確認。

❻　建物工法の特徴を理解して選択することは必要だが、物件選択の優先順位として、工法より敷地条件や間取りなどに重点を置いたほうが、住んでからの満足感が高まる。

第6章

予算とローンの組み方

1 資金計画を立てる

　住宅を購入するに際して、資金計画がとても重要なのは、貯蓄や贈与などによる**「自己資金」**に加え、何十年と長期にわたる住宅ローンを組んで購入資金に充てることになるからです。住宅ローンは、購入した時点が始まりで、その後の返済は長期間にわたりますので、自分自身で将来の収入や経済情勢を十分に考慮し予測した上で、どのローンにするかを選択する必要があります。住宅購入資金の実態を「既存住宅成約者アンケート」で見てみますと、自己資金として用意する現金（預貯金）、前住居の売却金、親族からの贈与金などと、借入金として手配する銀行などの民間ローン、フラット35、財形住宅融資、企業の社内融資などと様々な資金が利用されています。

　自己資金については、誰もがすべてを調達できるわけではありませんので、まず自分が調達できる範囲の金額の中から、生活費や、いざという時のための貯蓄を除いて、どれだけ住宅購入に充当できるかを算出します。

　次に、借入金の中でほとんどの方が利用する住宅ローンですが、いろいろな融資機関が多様な種類のものを用意しており、大別して**「公的住宅融資」**と**「民間住宅融資」**の2つに分けられます。公的住宅融資には、財形住宅融資、自治体融資などがあり、民間住宅融資には、銀行、信用金庫、ＪＡ、生命保険会社、ノンバンク、ネット銀行などがあります。

　また、勤務先が従業員の福利厚生のために用意している社内融資や公務員向けの共済融資がありますが、どこの会社でも用意しているわけではありませんので、有無や利用可能かどうかについて、勤務先に確認してみましょう。

　借入金の中で、どの融資が多く利用されているかを「既存住宅成約者アンケート」で見てみますと、圧倒的に民間ローンが多くなっています。こ

第6章　予算とローンの組み方

れは、民間金融機関が、個人向け商品中心のリテール（個人金融）部門に力を入れていて、商品構成の充実はもとより、一部のローンセンターを休日も営業したりと、顧客サービスのための利便性向上に努めているからです。これに加えて、担保となる購入物件の審査が実際の検査ではなく、必要書類の提出だけで済み、住宅ローンの中では比較的組みやすくなっています。

　一方、これまで住宅金融公庫融資、一般的に「**公庫**」と呼ばれていたものが生まれ変わった「**フラット35**」は、融資開始当初は新築住宅向けが中心で、既存住宅は利用しづらかったのですが、今ではかなり解消され利用数も増えてきています。フラット35は、住宅ローンの基本的条件である、

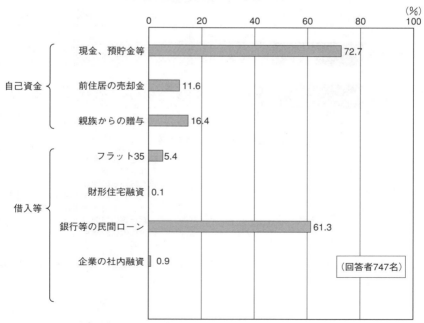

【既在住宅購入者の資金調達方法】

自己資金
- 現金、預貯金等　72.7
- 前住居の売却金　11.6
- 親族からの贈与　16.4

借入等
- フラット35　5.4
- 財形住宅融資　0.1
- 銀行等の民間ローン　61.3
- 企業の社内融資　0.9

（回答者747名）

（注）本グラフは、調達した額の割合ではなく、選択された調達方法の割合を示す。

資料：（一社）不動産流通経営協会 2014年調査

長期・低利・固定を兼ね備えていて最長35年間固定金利のため、借入期間20年以上の長期間で固定金利を希望する場合には、有利な商品があります。多数ある取扱金融機関によって金利や諸費用が異なっていますので、自分に合った有利なものを選択することになります。

　民間の一般ローンに比べて多くかかる手間として、購入物件が、機構の定める基準を満たしていることを証明する適合証明書の手配がありますが、窓口となる金融機関がスムーズな検査機関を用意しているところもあります。民間ローンの一種として取り扱われますが、民間金融機関が貸し出したローン債権を、2007年に住宅金融公庫が生まれ変わった住宅金融支援機構が買い取り、それを証券化して機関投資家に売却するという仕組みで、資金調達がなされています。

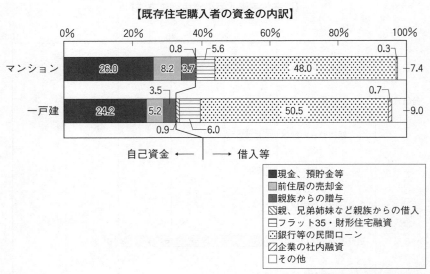

資料：（一社）不動産流通経営協会 2013年調査

> ワンポイントコラム
>
> **＜資金計画＞**
>
> 　住宅購入資金は、自己資金が多いに越したことはありませんが、借入金も含め、無理のない範囲で用意することが重要です。借入金は、融資条件の最高限度額を借りることを前提に資金計画を立てるのではなく、現在の賃料などを目安に、月々や年間でいくらまでなら返済に充てられるかを見積もって借入可能額を割り出せば、新居での生活がローン返済に追われて苦しむようなことはなくなるでしょう。
>
> **＜すまい給付金＞**
>
> 　2014年4月から消費税が17年ぶりに引き上げられました。住宅取得者の負担増の影響を少しでも和らげるために、「すまい給付金」という特例制度ができています。最大30万円の給付が受けられ、消費税が10％へ引き上げられるとさらに増額の予定です。ただし、この給付金は、住宅ローン減税を受けてもなお効果が限定的な所得者を対象としたものであるため、対象者となるための収入上限が低くなっています。

2 予算の立て方(自己資金)

　購入計画を進めるに際して、自分の預金や収入を考えた場合、ローンがいくらくらいまで借入れできて、いったいいくらまでの物件なら買えるのかを考えてみましょう。

　まず、自己資金についてですが、預金で今回の購入に回せる金銭、株などで保有しているがすぐに換金できるもの、親からの援助金など、現金での支払いが可能な金銭がいくらまで調達できるかを算出します。この自己資金部分が多いほど住宅ローンの借入金が減らせるようになるのですが、新居に引っ越すと家具やカーテン、照明器具や電化製品と、いろいろなものが欲しくなりますし、また今までどおりに生活もしていかなくてはなりませんので、一応の蓄えは取っておかないといけません。

　この自己資金の金額の目安ですが、一般的には購入物件金額の2～3割以上用意したほうがいいでしょう。これは、住宅ローンの担保となる購入物件の価値の減少や返済リスクの軽減、また物件価格に加え取引時には諸費用も必要になることを考慮してのことで、理想的には借入金を除いて購入価格の3割以上の自己資金が目標です。

　収入がある程度見込める方については、100%ローンや諸費用ローンもあります。しかし、地価が確実に上昇していない経済情勢を考えると、何らかの事情で購入した物件を処分せざるを得ない時でも、住宅ローンの債務だけが残ってしまう債務超過に陥らず、スムーズに資産処分ができるための安全性も考えて、自己資金をなるべく多めに用意することをお勧めします。

　父母や祖父母から住宅取得や増改築のための資金の贈与を受けられる方については、**「住宅取得等資金の非課税制度」**という有利な税制が設けられています。この特例を受けると、2014年の場合、一般住宅は**500万円**ま

で、省エネ性または耐震性を満たす住宅は **1,000万円** までの住宅取得資金の贈与について、贈与税はかかりません。

さらに、住宅取得や増改築するための資金として60歳以上の親・祖父母から（2015年1月現在）贈与を受ける場合、**「相続時精算課税制度」** を選択することにより、**2,500万円** まで非課税で贈与を受けることができますので、贈与を受けられる方にとっては有利になっています。住宅取得等資金の非課税制度と相続時精算課税制度とを、組み合わせて使うこともできます。

これらの相続に関する制度は、内容などを変えて延長されることがありますので、その時々でどのような優遇制度が使えるか確認してみてください。なお、贈与税に関する詳しい相談は、専門家である税理士に依頼することになります。

> **ワンポイントコラム**
>
> **＜相続時精算課税制度＞**
>
> 「相続時精算課税制度」とは、相続税・贈与税の一体化措置として2003年に創設された制度です。ご高齢の方が保有している資産を次世代にスムーズに渡すことによって、子の消費が拡大することを期待してつくられました。適用を受けられる範囲も徐々に広げられてきていて、さらに2015年1月からは贈与者年齢が5歳下がり60歳以上となり、親に加えて祖父母からの贈与も可能となります。このような状況もあり、利用される方も少しずつ増えてきています。あくまでも親や祖父母に資産があればということが前提になりますが、可能な方は住宅取得等資金の非課税制度を含めて特例税制を使うことによって、取得資金を円滑に増やすことができるでしょう。

3 予算の立て方（住宅ローン）

　自己資金だけではまかなえない購入資金は、住宅ローン融資でまかなうことになります。現在は、金利水準が史上最低のレベルにあるため返済がとても楽な状況にあり、借入期間中の金利が固定されてずっと変わらないものより、借入当初の金利の低さを優先し借入期間中に金利が変動するものの利用が、多い状況となっています。

　民間金融機関では、借入期間や金利など条件の異なる様々な種類のローンが用意されていますので、いろいろな金融機関の住宅ローン情報を収集して、自分たちにとって少しでも有利なローンを探しましょう。わかりにくいことがあれば、不動産会社の担当者に相談すれば、金融機関を紹介してくれるでしょう。紹介された金融機関やローン商品が、自分自身にとって妥当なものかどうか、自分でも点検できるように情報を集めておきましょう。

（1）金利による3つのタイプ

　住宅ローンの借入れは、なるべく金利の低いものから選ぶのが大原則ですが、借入期間が長期にわたることもあり、金利の適用期間でみると3つのタイプがあります。借入れの全期間にわたり金利が固定されていて、毎回返済する金額が当初予定のものから変更のない「**全期間固定金利型**」、世の中の金利水準に応じて金利が変動し、返済金額も返済期間中5年ごとに金利に応じて変更される「**変動金利型**」、借入当初から一定期間だけ金利が固定されていて、一定期間終了後にその時の金利が適用されたローンを、融資先が指定した中から選び直す「**固定金利期間選択型**」です。

　金利の水準は、全期間固定金利型が3つのタイプの中で一番高く、固定金利期間選択型は固定期間が短いほど金利が低くなっています。返済額が確定されていて、将来設計が立てやすいのは全期間固定金利型ですが、他

【金利の3タイプ】

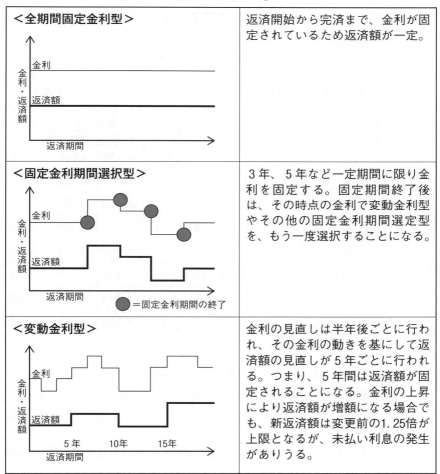

の2つのタイプに比べると金利が高く設定されているため、返済額が少々高めになるのが難点です。

　返済額は、適用される金利と借入期間によって決まります。毎月の返済額は、金利が低いほど負担軽減され、また借入期間が長いほど負担が軽くなります。しかしながら、借入期間を長くすると、金利の負担が増えてし

まいます。金利と借入期間の違いによる返済額を比較してもらうために、ローン返済早見表を用意しました。融資額100万円当たりの返済額ですので、自分が借りようとしている金額を掛け合わせると参考になると思います。

【ローン返済額早見表】［毎月払い　融資額100万円当たり］※元利金等返済

単位：円

		金　利							
		1.5%	2.0%	2.5%	3.0%	3.5%	4.0%	4.5%	5.0%
返済期間	5年	17,301	17,528	17,747	17,969	18,192	18,417	18,643	18,871
	10年	8,979	9,201	9,427	9,656	9,889	10,125	10,364	10,607
	15年	6,207	6,435	6,668	6,906	7,149	7,397	7,650	7,908
	20年	4,825	5,059	5,299	5,546	5,800	6,060	6,326	6,600
	25年	3,999	4,239	4,486	4,742	5,006	5,278	5,558	5,846
	30年	3,451	3,696	3,951	4,216	4,490	4,774	5,067	5,368
	35年	3,062	3,313	3,575	3,849	4,133	4,428	4,733	5,047

【例】1,000万円を3.0%で返済期間35年間で借りる場合
　　　3,849円×10（1000万円/100万円）＝毎月の返済額 <u>38,490円</u>

（2）返済方法

　返済方法は「元利均等方式」と「元金均等方式」があります。言葉は似ていますが、内容は異なっていますので気をつけてください。元利均等方式は、毎月の返済額が一定となるものです。返済期間の初めは、返済金額のほとんどが利息の支払いに当てられ、元金の返済は返済終了に向けて増えていきます。

　一方、元金均等方式は毎月の一定の元金に、残りの元金の利息を上乗せさせて支払うもので、返済額が返済当初は高く、返済終了に向けて額が減っていきます。返済総額は元金均等のほうが少なくて済みますが、返済

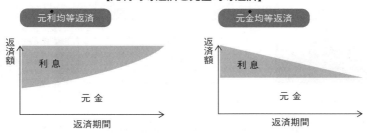

計画が立てやすい元利均等方式のほうが多く利用されています。

金利については、金融機関によってまたその商品によって、かなり違いがありますので、各金融機関で確認します。インターネットを利用すると、各金融機関のホームページのほか、住宅ローン商品を比較しているもの、返済額や借入可能額を算出してくれるものなどもあり便利です。どのタイプのローンが自分の生活設計に合っているか、よく考えて選択しましょう。

（3）どのタイプにするか

どのようなタイプのローンが使われているかを「既存住宅成約者アンケート」で見てみますと、現在は変動金利型の利用が多くなっていて、固定期間を限定した固定金利期間選択型が次に多く、一部の方が全期間固定金利型を利用しています。利用するローンのタイプは、その時々の金利や経済情勢によって異なっていますが、低金利が続いているここ数年の間は、全期間固定金利型を使う方は少なめで、将来の金利上昇よりも現在の金利の低さを優先した、固定金利期間選択型や変動金利型といったタイプを使う方の割合が高くなっています。

全期間固定金利型を選択した方の理由は、「景気に左右されず支払い計画を立てられる」や、「金利が上昇した時に月々の支払額が上昇するのがいや」など、安定指向の高い方々から選ばれています。一方、将来変動する可能性のあるタイプを選んだ方は、現在の金利水準そのものが低いという理由が多くなっています。固定金利期間選択型を利用した方の固定期間は、10年が一番多く次に3年が多くなっています。

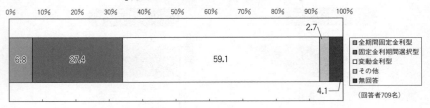

【利用した民間ローンの金利タイプ】

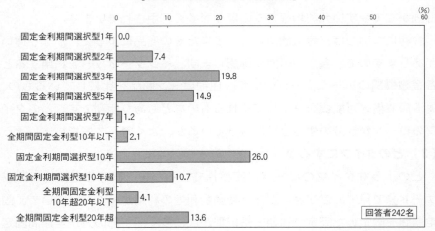

【利用した固定金利の固定期間】

資料：(一社) 不動産流通経営協会 2014 年調査

　ローンの組合せ方や商品によっては、全期間固定金利型と、金利変動型や固定金利期間選択型を組み合わせて借り入れることもできます。手続きは少々面倒になりますが、例えば借入金の半分を全期間固定金利のフラット 35 にして、残りの半分を民間金融機関の変動金利型にするという方法も考えられます。変動金利型の金利は魅力的だけど、将来の金利上昇に伴う返済額の増額が心配という方にとっては、少しでもリスクを減らすことができます。複数の融資を利用する場合、同じ金融機関の商品を使うことによって、多少は手間を減らすことが可能です。

（4）いくら借りるか

　住宅ローンの借入れができる金額は、基本的には本人の年収や世帯の年

収によって異なりますが、加えて金利や借入期間によっても違いが出てきます。一般的には年収に占めるローン返済額の割合を、20〜25%までとするのが目安です。ここでいう年収とは、収入を1つの会社だけから得ているサラリーマンであれば、直近の源泉徴収票に記載の支払金額で、そのほかの方は、直近の確定申告した総収入額になります。

例えば、全期間固定金利型住宅ローンの金利3.0%で25年返済の場合、1,000万円の借入れで年間返済額が約57万円で、月々の返済額は約4.7万円となります。年2回のボーナス支払を利用すると、月々の返済額は約2.3万円でボーナス時返済加算額は約14.3万円になります。借入金が2,000万円の場合は上記の借入金1,000万円のケースの返済額を2倍し、借入金が3,000万円の場合は3倍すると、おおよその返済額がわかります。ボーナス時返済加算額は、最大限利用したケースで算出してあります。

【住宅ローン返済例】

借入金1,000万円、金利3.0%、返済期間25年	
月々返済だけの場合	毎月返済額　　　47,420円
ボーナス併用返済の場合 毎月分500万円、ボーナス分500万円	毎月返済額　　　23,710円 ボーナス時加算額　142,860円

年収が700万円の方であれば、年間返済割合を20%とした場合、上記の金利3.0%、返済期間25年の全期間固定金利型ローンの借入可能金額は2,460万円となり、ボーナス返済を利用しないで月々返済だけで返済した場合は、毎月約11.7万円の返済となります。

ちなみに、ボーナス時の返済を最大限利用しようとする時は、総借入額の**2分の1以下**となるようにします。2,460万円の場合、月々1,230万円、ボーナス時1,230万円が最大となり、毎月の返済額が月々返済だけの場合の約半分の5.9万円になる代わりに、年2回のボーナス返済月は約17.6万円が加算されます。

自己資金としては、諸費用分を除いて購入金額の20%の540万円を用

意すれば、住宅ローン2,460万円を足して3,000万円の物件が購入できるということになります。

資金計画の立案については、不動産会社の担当者を最大限活用して、納得がゆくまで相談することをお勧めします。また、インターネットを利用できる方は、不動産会社や金融機関などのウェブサイトで希望条件を入力すると、簡単に算出できるシステムがありますので、利用してみましょう。

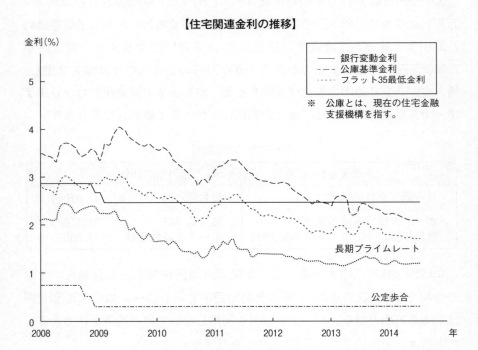

【住宅関連金利の推移】

> ワンポイントコラム
>
> **＜キャンペーン金利＞**
>
> 　金融機関の貸出し競争が激化しているのか、住宅ローンの「キャンペーン金利」や「優遇金利」というものを見かけます。融資に当たっての審査などは店頭金利で行われているようですが、貸出し時点での金利は、店頭より一定割合を引いた金利が適用される、借入者に取ってはとても有利なものです。借入れの全期間が対象となるものや、一定期間だけのものなど、いろいろなタイプがあります。住宅ローンの借入れは長期の付き合いになりますので、これらキャンペーン金利の商品も含め、自分に合った商品を慎重に見つけてください。

4　民間住宅ローンの手続き

　住宅ローンを利用する場合、特に特約の対象でない限り、売買契約締結後速やかに利用するローンについて、銀行などの融資機関へ申込手続を行わなくてはなりません。民間融資機関では、売買契約締結の前に事前審査を行い、希望するローンの借入れが可能かどうかについて一次審査を行ってくれます。この事前審査を行うことにより、取引をよりスムーズに、かつ安全に進めることができます。正式なローンの申込みには購入する不動産の売買契約書が必要になるため、売買契約締結後になります。

　民間住宅ローンの一般的な流れは、次のようなステップです。

①　資金計画相談やローンの事前審査
②　売買契約の締結
③　必要書類の準備
④　ローン申込書の提出
⑤　融資承認
⑥　金銭消費貸借契約の締結
⑦　（残金決済日）住宅ローンの実行
⑧　（残金決済日）所有権移転および抵当権設定登記申請

　売買契約を締結したら、速やかにローン申込手続ができるように、早めに必要となる書類を準備しておくようにしましょう。ローンを利用する際の必要書類には次のようなものがあります。金融機関によって内容が異なってきますので、実際の借入れに当たっては金融機関に再確認のうえ、準備してください。また、物件に関する書類は不動産会社に依頼して用意してもらいます。

<事前審査> ～売買契約締結の前～	
①	**ローン事前審査申込書**……金融機関で入手
②	**本人を確認できる書類**……運転免許証など
③	**収入を確認できる書類**……源泉徴収票、納税証明書、確定申告書など
④	**勤続年数を確認できる書類**……健康保険証など

<本審査> ～売買契約締結の後～	
①	**ローン申込書**……金融機関で入手
②	**団体信用生命保険申込書・告知書**……金融機関で入手
③	**その他金融機関指定の書類**……金融機関で入手
④	**本人を確認できる書類**……運転免許証など
⑤	**住民票謄本**……家族全員が記載されたもの
⑥	**印鑑証明書**……3カ月以内に発行されたもの
⑦	**収入を確認できる書類**……源泉徴収票、納税証明書、確定申告書など
⑧	**勤続年数を確認できる書類**……健康保険証など
⑨	**物件に関する書類** ……売買契約書、重要事項説明書、土地建物の登記簿謄本、物件概要書　公図、間取り図、測量図など

また、必要なものや金銭については、次のようなものがあります。

①	**実印**……共有の場合はそれぞれ必要
②	**事務手数料**……民間3～5万円程度
③	**金銭消費貸借契約書貼付印紙代**……借入金額1,000万円超～5,000万円までは2万円
④	**ローン保証料**……返済期間30年間の場合、借入額100万円当たり2万円程度（ローン商品により高額な場合もある）
⑤	**火災保険料**
⑥	**団体信用生命保険料**
⑦	**登記費用**……抵当権設定登記になりますが、売買物件の移転登記と一緒に手続きをします

ワンポイントコラム

＜手間がかかる手続き＞

　ローンの手続きは、多くの部分を自分で行わなくてはなりません。難しいものではありませんが、必要な書類がそろっていないと手続きが進められないなど、手間がかかることを認識しておきましょう。購入物件に関する書類は、不動産会社に用意してもらうものや取得に多少時間のかかるものもあります。必要書類の内容、部数、必要時期などについて、銀行など申込融資機関の窓口で初めによく確認し、間違いのないようにしましょう。

5 フラット35の手続き

　従来「公庫」と呼ばれていたローンが生まれ変わった「**フラット35**」は、それぞれの民間金融機関が商品化し、あっせんをしています。この民間金融機関には、皆さんが知っている銀行などの他に住宅ローン専門の会社もあり、会社の名前を聞いても耳慣れないところも含まれていると思います。

　融資の主な手続きを、インターネットを通じて行うことによってコストダウンを実現している会社もあり、融資金利に加えて事務手数料なども各社ごとに異なっています。金利が低くて魅力的と思ったら事務手数料が高かったりと、いろいろな組合せがありますが、自分のライフプランを考えたうえで、いちばん有利と考えられるものを選択してください。事務手数料について、借入金の全部や一部を将来一括で返済した時に返還されない条件のものもありますので、注意して確認しましょう。

　なお、フラット35は質の良い住宅に住まう方に対して、なるべく有利なローンを提供するという考えに基づいています。このため、購入物件の審査を、民間住宅ローンでは書類などで済ましているのですが、フラット35は物件の技術基準を独自に定めていて、専門家が調査し基準に合っていることを確認した適合証明書の提出が必要です。

　フラット35の手続きは、次のようなステップになります。

① **資金計画やローンの相談**
② **売買契約の締結**
③ **必要書類の準備**
④ **ローン申込書の提出**
⑤ **審査**

⑥　融資承認通知
⑦　適合証明書の提出
⑧　金銭消費貸借契約の締結
⑨　住宅ローンの実行（残金決済日）
⑩　所有権移転および抵当権設定登記申請（残金決済日）

　購入しようとしている物件が、フラット35の技術基準に合っているかを確認するためには、購入物件の目途をつけ次第早めに、借入れしようとしている金融機関に相談してみましょう。実際に専門家による調査を行う前に、建物図面などの資料によって、基準に合っているかの目安を調べてくれる金融機関もあります。また、不動産会社によってはフラット35の融資先などを紹介してくれる場合もあります。

ワンポイントコラム

＜フラット35の利用が増えてきています＞

　住宅金融支援機構と民間金融機関との提携商品であるフラット35の利用が、既存住宅購入者にも増えてきています。長期間固定で低金利というコンセプトで作られたローンですので、自分の希望に合って条件的に利用可能であれば、検討してみてはいかがでしょうか。民間住宅ローンに比べると、手続きの煩雑さがありますが、フラット35融資専門の金融機関もあり、少しでもスムーズに利用してもらえるように、事前相談を積極的に受けたり、適合証明書の手配をやりやすくするなど融資先も工夫しています。

第6章　予算とローンの組み方

まとめ

❶　住宅購入資金は、現金として用意可能な自己資金と、ローンなどの借入金に大別されるが、双方とも入居後の生活が成り立つように、資金の種別や借入先や条件を慎重に考えて資金計画を立てる。

❷　自己資金は、預金で今回の購入に回せる金銭、株などで即換金可能なもの、親からの援助金など、現金での支払いが可能な金銭がいくらまで調達できるかを算出するが、金額の目安は**購入価格の2～3割以上**用意したほうがよい。

❸　住宅ローンの借入可能金額は、一般的には年収に占めるローンの年間返済額の割合を、20～25％とするのが目安となる。利用者の多い民間ローンは、現状では当初の金利が低水準の**「変動金利型」**や**「固定金利期間選択型」**が多く利用されている。

❹　住宅ローンを利用する際は、売買契約締結後、速やかに融資機関へ申込手続きを行わなくてはならないので、事前に流れや必要書類を把握しておく。

❺　「フラット35」を利用する場合には、専門家が調査し基準に合っていることを確認した適合証明書の提出が必要。

第 7 章

交渉を上手に進める

1 紹介される物件の背景

　既存住宅の購入を検討している方々へ不動産会社から紹介される物件は、不動産会社サイドから見て2種類の物件に分かれています。この種類によっては、受け取る手数料額が倍になるかどうかという意味で、不動産会社のモチベーションに大きな差があります。このために、不動産会社によっては作為的に利益の大きいほうの物件を勧めてくる場合もないとは言えませんので、注意が必要です。

　不動産会社が紹介する物件には、売却物件を売主から直に委託された「直物(じかぶつ)」と、ほかの不動産会社から情報提供を受けた「先(さ)き物(もの)」があり、この2種類を特に分けることなく購入検討者へ紹介をします。これは、購入検討者の希望に合った売却物件を、少しでもたくさん紹介するためにつくられた業者間情報交換システムである「レインズ」を、どの不動産会社も使っているからです。

　不動産会社は、レインズから物件情報を取り出して、そのまま紹介しているわけではありません。物件の内容や状況がお客様の購入希望条件に合っているかを確認したり、まだほかのお客様で契約することが具体的に決まっておらず紹介が可能であることを、売却委託を受けた不動産会社に確認したりしたうえで紹介しています。自分の会社で売却委託を受けた物件であれば、その場で状況を確認できますのでスムーズです。

　既存住宅の売却を不動産会社に委託する際に、物件所有者と不動産会社の間で「媒介契約」を締結します。この媒介契約には、**「専属専任媒介契約」「専任媒介契約」「一般媒介契約」**の3種類があり、専属専任媒介契約、専任媒介契約は特定の不動産会社1社だけに売却の依頼をするもので、一般媒介契約は複数の不動産会社に売却の依頼をするものです。売主が、「物件を売却するために広告などの営業活動をしてください」とお願いす

る会社は1社または複数の会社ですが、購入希望のお客様を紹介することはどこの不動産会社でもできるというのがルールになっています。

媒介の中でも、専属専任媒介契約、専任媒介契約は特定された1社を通じてのみ売主と交渉できますので、購入を相談している物件がその不動産会社の専属専任媒介または専任媒介契約物件であれば、話がスムーズに進む可能性が高いと言えます。さらに、その不動産会社としては、売上げが倍になる可能性があり、より力を入れて対応してくれるといったメリットがあります。

このように売主に直結する不動産会社のほうが交渉はスムーズに進みやすく、その中でも専属専任や専任媒介契約物件のほうが交渉がよりスムーズに進みやすいと言えます。このため、紹介された物件が売主から直接媒介を受けたものなのか、また媒介の種類を聞いて参考にしましょう。そして、もしも同じ物件が複数の不動産会社から紹介されていたならば、売主と媒介契約を締結している不動産会社を窓口として、物件状況についての質問をしたり案内をしてもらったほうが、より詳しい情報が得られます。一方で、このことばかりにこだわらず、購入に際して信頼ができ、フィーリングが合う営業マンがいれば、その人を窓口にしたほうがいいでしょう。

媒介契約は、購入する場合でも締結しますが、時期は購入希望物件を特定して、購入の申込みをした時から契約までの間になります。また、媒介の種別は一般媒介にします。専属専任や専任の契約を結ぶと、何らかの理

【媒介契約の違い】

	複数業者との契約	依頼者が自ら発見した相手との取引	指定流通機構への登録義務	業務処理報告義務
専属専任媒介契約	×	×	5営業日以内	1週間に1回以上
専任媒介契約	×	○	7営業日以内	2週間に1回以上
一般媒介契約	○	○	なし	なし

由で契約が解約になってしまった際に、その契約に最大3カ月間束縛されて、再度別の物件を検討する際に支障を来す場合がありますのでご注意ください。

> **ワンポイントコラム**
>
> **＜物件にも鮮度がある？＞**
>
> 　不動産会社に自分の希望する物件の条件を登録しておくと、通常は条件に合った物件をどんどん紹介してくれます。複数の不動産会社にお願いしてあると、いくつかの物件が重複して紹介されることも多いことと思います。
>
> 　初期の時期に自分の条件に合う物件が見つかればいいのですが、時間がかかってくると、だんだん紹介される物件も少なくなっていきます。これは、マーケットに出ている売却物件の紹介が一巡してしまうからです。
>
> 　この後は、依頼している不動産会社が、マーケットに出たばかりの新しい物件情報をキャッチして、条件に合うものをいかに早く紹介してくれるかということになります。つまり、物件の鮮度のいいものをいち早く紹介してくれる不動産会社が、いちばん役立つということになります。

2 売却理由をつかむ

　購入物件の決断をする時に、物件自体について検討することに加えて必ず確認してほしいポイントとして、売主が売却するに至った理由があります。必ずしも正確に把握できるとは限りませんが、売却理由を知ることによって、購入へ向けての売主に対する交渉を有利に進められることもありますし、より安心して購入の決断ができるようになります。

　住宅を売却する際には、何となく売るということは決してなく、必ず売却するに至った理由があるものです。一般的な売却理由は、**「子供の成長で手狭になった」「家族数の減少で広すぎる」「転勤」「通勤や子供の通学などに不便」「グレードアップ」「換金」**など様々です。

　この例のような、至極当たり前の理由であれば特段の問題はないのですが、隣人とのトラブルや過去に自殺などの何らかの事件があったといった理由で売却されることもあります。物件の客観的な情報は、不動産会社が契約前に必ず行う**「重要事項説明」**の中で、事実として説明することが義務づけられています。しかし、近隣のウワサや隣人とのトラブルなど実態をはっきりと把握できないものは不動産会社も重要事項説明に含むことはできません。

　これらの売却理由が初めからわかればいいのですが、売主に不利なものは建前上の理由に隠されて、真実はなかなかわかりにくいものです。そこで売却理由を探り出す方法ですが、まず**物件案内の時に居住者にさりげなく聞いてみる**ことです。また、近隣の方やマンションなら管理人に聞いてみるといった方法があります。不動産会社に聞くのも一つの方法ですが、守秘義務により売主のプライバシーを積極的には話したがりませんので、営業マンとの信頼関係づくりが重要と言えます。

　また、**「価格が割安」「買換えでないのに売却を急いでいる」**というよう

なことを感じた時には、特に気をつけたほうがいいと言えます。こういった場合には、近隣住民とのトラブルや店舗・近隣住民の深夜の騒音といったような、売主がその物件から早く逃れたいという、買主にとってもよくない状況が含まれていることが往々にしてあるからです。

　売却理由によっては、売主との交渉を有利に進められることもあります。売主にとっては重要なことでも当方にとっては関係のない、例えば「買換え先を契約済みで、早く換金したい」「ご主人の転勤で引っ越しせざるを得ない」「子供の成長で明らかに家が手狭である」というような事情ですが、どれも少しでも早く売却したいという気持ちが伝わってきます。こうしたケースでは、価格など売主に対する購入希望条件を、少し強気の内容からスタートさせることによって、より有利な契約条件を導き出すことができるかもしれません。

ワンポイントコラム

<注意が必要な売却理由>

　離婚やお年寄りの連れ合いが亡くなったことによる売却のような場合、後々にもしも売主に責任を追及しなくてはならないトラブルがあったりすると、解決や対応に手間取ることが応々にしてありますので注意してください。。

　また、売却理由で、売主があまり言いたくないものには次のようなものがあります。

- 建物の老朽化でいろいろなところに故障や不具合が出てきてわずらわしくなった。
- 近隣住民との折り合いが悪く、トラブルがあった。
- 隣近所に売主にとって嫌悪感のあるものができるなど、周辺環境に変化があった。
- 夜中に暴走族が走るなどの騒音がある。

3 購入申込みには、ポイントがある

　自分の希望にかなう物件が見つかったならば、既存物件は先着順が原則となりますので、すぐに「購入申込み」＝「買付け」を入れます。この買付けの書面は不動産会社によって異なっていますが、必ず買主として記載しなくてはならない項目として、購入希望価格、契約締結希望日と手付金額、売買代金の支払スケジュールと支払金額などがあります。

　購入希望価格は、買付けで一番重要なポイントです。売却する側にとっては売却希望額にいかに近い金額で売れるかという点が最も気になるのですが、当然希望額に合わせる必要はなく、買いたい希望額を出せばいいのです。

　しかしながら、もしあなたが売主だったとしたら、売却希望額とかけ離れた格段に安い金額を提示されたとしたら、がっかりして場合によっては不愉快な気持ちになるかもしれません。売却希望額から5％くらいマイナスの多少の安めの価格であればまだしも、大幅に低い金額での購入を希望するのであれば、それなりの根拠がないと、売主の納得を得ることはなかなか難しいでしょう。

　不動産会社の営業マンも、それなりに希望を通すための口実を考えてくれるでしょうが、希望を通すことよりも確実に取引を成約させるために、売主向けの説得と同時に買主であるあなたの説得も考えていると思います。不動産会社としては、あなたの購入希望金額を通すことも重要ですが、何よりも取引を成約させることのほうが、より重要になるからです。

　これは、不動産会社にとって、お客様であるあなたの「買いたい」という希望をかなえ、取引を成立させることによって買主に喜んでもらいたいという願望と、取引が成立して初めて手数料を受け取れるという成功報酬の側面があるからです。不動産会社の営業マンはこの時が業務の中でいち

【購入申込書（買付け）の例】

不動産購入申込書

平成　　年　　月　　日

○○不動産　御中

住所　　　　　　　　　　
氏名　　　　　　　　　　

　私は、貴社より紹介を受けております下記表示の不動産を下記の条件にて購入することを申し込みますので、貴社に交渉を依頼します。

1．購入価格及び支払方法等

購入価格	□非課税　□税込	金	円也
精算方法	□公簿　□実測精算　＠	円／㎡	
手付金	契約締結時支払い	金	円也
第1回内金	平成　年　月　日まで	金	円也
第2回内金	平成　年　月　日まで	金	円也
残代金	平成　年　月　日まで	金	円也

2．引渡し

引渡し希望日	平成　年　月　日まで
引渡し状況	□現況有姿　　□更地渡し　　□
その他	

3．契約希望日時及び場所

日時	平成　年　月　日（　）AM・PM　時　分より
場所	

4．その他条件

5．融資利用　　融資利用の特約　□有　□無

申込先	借入予定額		融資利用特約の期日
	金	円也	平成　年　月　日まで
			平成　年　月　日まで

6．本書有効期限

平成　年　月　日まで

不動産の表示

所　　在		
□土地	面積	㎡（公簿・実測）
□建物	種類	
	面積	㎡
□マンション	名称	
	部屋番号	号室
	専有面積	㎡

＊　当社は、速やかに上記条件にて売主と折衝します。
＊　売主の応諾が得られ次第、売買契約の締結をして頂きます。

ばん集中力を発揮して取引成立に向けて進みますので、自分の本当に買いたいという気持ちや希望金額の根拠などを、営業マンへ十分に伝えることが重要です。

購入申込みをするポイントとしては、希望額の根拠をはっきりさせることと併せて売主の値下げ可能額を把握することです。買付け希望額の根拠としては、最近の成約実績に基づくものや、リフォーム代金など客観的に考えて、ある程度納得のいくものが挙げられます。

手付金の金額は、契約金額の10％が目安となりますが、すぐに用意できる金額が不足している時でも、100万円くらいは必要です。手付金が少額の場合は、用意でき次第**「中間金」**として追加の入金を求められることもあります。契約締結希望日は、買付けを入れた日から1週間以内が目安となります。

残代金決済日＝引渡日の設定は、自己資金や住宅ローンなどの借入金が現金化される融資実行日と売主の希望日を考慮して決めますが、一般的には契約から2カ月以内くらいが目安となります。

4 契約の合意までは、たったの数日

　申込みを受けた不動産会社の営業マンは、早速、売主側との交渉に入ります。他社物件（先物）の場合は売主側業者の営業マンへ、自社物件の場合は自社の物件担当営業マンへ購入申込書を渡し、買主の希望内容などを伝えたうえで売主との交渉を依頼します。

　売主側の営業マンも、売主に連絡を取り、交渉に入りますが、事前に買付け条件の内容に応じて、交渉のための材料を整理します。

　例えば、売却物件が価格2,900万円の築15年のマンションに対して、購入希望額2,600万円で申込みをしたとします。専有部分は新築で購入された時から全く手を入れていないため、内部の傷みや汚れがかなり激しく、そのままでは使えないことは明らかで、クロスやカーペットの交換など新たに居住するための最低限のリフォームをしても、約100万円かかることが見積りでわかっています。

　買主側の営業マンとしては、売出し価格と300万円の大きな開きがあることを十分に考慮して交渉に入ります。売主に対して、「同じマンションの同じ面積で、1つ上の階の部屋が2カ月前に2,750万円で成約していること」「リフォームをしないと住みにくく、この費用として約100万円かかること」「買主の資金が自己資金と銀行ローンでしっかりしていること」などを材料に交渉をします。その結果、何とか150万円下げて、「2,750万円なら売却する」という売主の返事を導き出したとします。

　購入希望金額とはまだ150万円の開きがありますので、早速この返事が買主側の営業マンを通して買主本人に伝えられ、「購入金額をもう少し引き上げられないか」という交渉が行われます。買主としては、検討段階では今までいくつかの物件を見てきたわけですが、やはり今購入申込みをしている物件が自分の希望にある程度かなっていることを考えて、「こちら

も少しは金額面の譲歩をするので、売主さんももう一段の譲歩をしてほしい」と営業マンに答えます。

　不動産会社の営業マンが、売主と買主の間に入ってこのようなやり取りが何度かなされた結果として、買主と売主がある程度納得のできる金額に至ります。例えば今回の事例でいうならば、双方がさらに歩み寄り「2,700万円で最終的な合意となる」というような結果になります。

　このように、売主との交渉を経て購入条件の合意へと至りますので、申込みの時に提示する購入希望金額は、その金額からは絶対に上積みできない金額を提示するよりも、多少上積みできる余地を残した金額のほうが、交渉をスムーズに進められます。交渉の状況にもよりますが、売主だけに一方的に売却額を下げさせるよりも、最終的には買主も多少譲歩したほうが、交渉がうまく進むことが多いのです。また、契約から引渡しへと取引を進めてゆく段階でも、売主と買主がお互いに歩み寄ることによって、取引自体もお互いにスムーズに進められます。

　買付けから買主と売主の合意までは、お互いの気持ちが冷めないように

【買付け交渉の例】

	購入検討者	仲介不動産会社	売主
		売却活動 ←	売却マンション 築15年 価格2,900万円
❶	「買付け」 希望2,600万円	→ 価格交渉	
❷		価格交渉 ←	「買付け」の返事 2,750万円なら 売却可
❸	もっと安くないと ダメ	→ 価格交渉	
❹		価格交渉 ←	少しなら下げる
❺	2,750万円	合意	2,750万円

スピーディーに進められるため、交渉に要する日数はほんの数日間です。契約は申込みで希望した日程の前後で執り行われることが一般的です。

ワンポイントコラム

＜大事なのは、契約金額だけではない＞

購入申込みをする時に、契約金額ばかりに目が行きがちですが、引渡し日程や決済条件、金銭の支払条件などもよく確認しましょう。

これはある取引の例ですが、2,000万円の物件を購入する買主の自己資金のうち、契約時に用意できる金額が100万円しかないのに、仲介する不動産会社がこの100万円の中から手数料の全額（66万円）を先に取って、残りを契約時の手付金としてしまいました。もちろん、売主に入る手付金はたったの34万円だったのですが、売主としては手付金の倍返しをしても、たった68万円で解約が可能ということで、後日、この契約よりも好条件の話が入ると、売主の都合で解約されてしまいました。

第7章　交渉を上手に進める

まとめ

❶　紹介される物件には、紹介した不動産会社が売却物件を売主から直接委託されたものと、ほかの不動産会社が売却の委託を受けたものの2種類があり、前者の売主と直結している物件のほうが交渉がよりスムーズに進みやすい。

❷　購入物件の決断をする時に、売却理由を知ることによって、購入へ向けての売主に対する交渉を有利に進められることもあり、より安心して購入決断ができるようになる。

❸　希望にかなう物件が見つかったら、既存物件は先着順が原則なので、すぐに購入申込みをしたほうがいいが、売主の値下げ可能額を把握することと、購入希望額の根拠をはっきりさせることがポイント。

❹　売主との交渉を経て購入条件の合意へと至るので、購入申込みの時に提示する購入希望金額は、多少上積みできる余地を残した金額のほうが、交渉がスムーズに進む。

第8章

安全に契約を進める

1 契約から引渡しへの流れ

　売主と買主の条件が合意すると、いよいよ不動産取引を確定させる、**「売買契約」** のステップへと進みます。これまでは物件探しが中心でしたが、物件が特定されたわけですから、これからはその物件についてだけの詳しい内容を確認し、契約を取り交わした内容で、確実に引渡しを実現させるためのステップということになります。

　前章でも書きましたが、気に入った物件が見つかり購入申込みをすると、早い場合ほんの数日の間に契約締結にまで至ってしまいます。契約と言われてあせることのないように、事前にどのような流れになるのかを把握しておくことがポイントです。

　なお、この章では、不動産会社を「宅地建物取引業者」と表現しています。「不動産会社」とは不動産にかかわる広範な業者を指しており、正式に都道府県知事または国土交通大臣の免許を受けて業を営む者に限定するために、「宅地建物取引業者」という表現にしています。

　契約から引渡しまでのステップは次のようになっています。

（1）重要事項説明

　これまで、契約しようとしている物件の紹介を受けたり案内をしてもらった時などに、物件についていろいろな形で説明を受け、また不明なことがあれば宅地建物取引業者の営業マンに質問してきたことと思います。当然希望に合った物件だったのですから、他の物件に比べてもたくさんの質問をしてきたと思いますが、覚えていないものや営業マンの答えが不明瞭だったこともあったでしょう。

　重要事項説明は、不動産を購入しようとする時に安全に取引を進めるために、購入者自身が取引する物件や取引条件などの重要な事項について、十分にその内容を確認し納得したうえで売買契約を締結するために行われ

第 8 章　安全に契約を進める

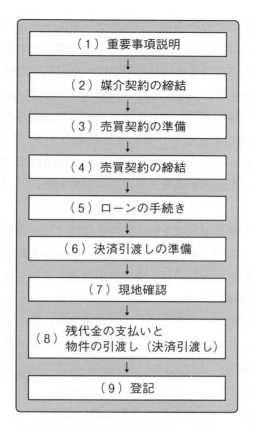

るものです。このことは、宅地建物取引業法にも定められており、「取引にかかわる宅地建物取引業者は、売買・賃貸借などの契約が成立するまでの間に、購入者や賃借人に対して宅地建物取引士が、取引物件や取引条件に関する一定の重要事項について、書面を交付して口頭で説明すること」としています。

つまり、重要事項説明は、「**①契約までに、②所定の書面を交付して、③宅地建物取引士が口頭で説明する**」ということが法律で定められているのです。これまで受けてきた様々な場面での説明に加えて、法律にのっとった項目に従い、宅地建物取引業者が正式な書面を交付したうえで、正式な資格を持つ宅地建物取引士が声に出して説明してくれますので、内容

を十分に理解したうえで契約締結のステップに進みましょう。

　宅地建物取引士は、説明に入る前に宅地建物取引士であることを示すために、顔写真の入った**「宅地建物取引士証」**を説明を受ける人に提示することが義務づけられています。もしも提示がない時は、提示を求めて確認しましょう。宅地建物取引士でない者が重要事項説明を行うことは、法律で定められた義務を果たしていないことになります。「宅地建物取引士」という呼称は 2015 年 4 月から開始されるため当面の間、従来の「宅地建物取引主任者証」の提示となりますが、有効期間中のものであれば問題ありません。

　このように、重要事項説明は購入物件を理解するために、取引の中で重要な位置づけですので、購入が決まったら一日も早く重要事項説明書書面を宅地建物取引業者から入手し、事前に目を通しておくようにしましょう。

（2）媒介契約の締結

　宅地建物取引業者が仲介の依頼を受けた時には、買主や売主である依頼者に対して、その内容を書面にして交付することが宅地建物取引業法で義務づけられています。「仲介」は「媒介」とも言われており、不動産の売買契約の成立に向けて尽力する行為のことです。

　この依頼を書面にしたものが媒介契約書になりますが、媒介契約には、①専任媒介契約、②専属専任媒介契約、③一般媒介契約の 3 種類があります。購入の場合には、この中で一般媒介契約を使いますので、もし異なった種類を使うようでしたら、確認しましょう。

　媒介契約を締結するタイミングですが、売却の場合は売却前に締結し、この契約後に宅地建物取引業者の売却活動がスタートします。一方、購入の場合には、どの宅地建物取引業者を通して取引するかがある程度はっきりしてからになるため、購入申込みから売買契約締結前までの間に締結するのが一般的です。

（3）売買契約の準備

　不動産の売買契約では、売主と買主が対等の立場に立って契約を行いま

すので、締結した後は、契約書に従って確実に義務の履行をするという責任を双方が負うことになります。もしも、契約締結をしてからトラブルなどが生じた時には、契約書の約定に基づいて処理をすることになりますので、契約に際しては契約書の内容を十分に理解することが必要です。契約を実際に行うのもできるだけ契約名義人本人として、代理人が代わって行うことは避けるべきでしょう。また、共有の場合は共有者全員が立ち会うようにしましょう。

売買契約をする前に、決めておかなくてはならないことは、購入物件は言うまでもありませんが、借入先や借入金額などを含む資金計画と、共有する場合はそれぞれの持分です。住宅ローンを利用する場合は、どのような住宅ローンを利用するのか十分に検討しておくことが必要です。

売買契約に際して必要になるものは、次のとおりです。

①　認印（共有の場合は全員分となります）
②　売買契約書の印紙代
③　手付金
④　仲介手数料（予定額の半分が目安）

なお、共有者も含み売買契約当事者が出席できない場合は、欠席者本人の実印が押された委任状と印鑑証明書が必要です。

（4）売買契約の締結

売買契約の締結は、宅地建物取引業者の応接室や契約室に、買主・売主両方が集まって行います。口頭による重要事項説明をまだ受けていない場合は、まず宅地建物取引士より重要事項説明を受けます。重要事項説明に伴う、管理規約や町内会則や図面などの添付書類の受領も行われます。

続いて、2通用意された契約書を、売買の目的物の表示や売買代金および支払方法からすべての条文まで含めて、宅地建物取引業者が読み上げ、内容の確認をします。不明点や疑問があれば、十分理解できるまで聞きま

しょう。買主が手付金予定額を間違いなく用意してきていることを確認のうえで、契約書に住所・氏名を自署します。ローンなどの借入れを伴う場合は実印を使って押印をします。

　売主が記載を済ませた付帯設備一覧表など売買物件の状況や付帯する設備の状況について申告する書類も受け取ります。買主から売主に対して手付金が支払われ、売主から領収証を受領して終了です。

(5) ローンの手続き

　ローンなどの借入金がある場合は、契約から数日以内に指定の金融機関の窓口に出向き、融資申込手続を行います。

　ローンの手続きについては、第6章 **4** **5** をご覧ください。

(6) 決済引渡しの準備

　売買契約時に取り決めた残金決済の日取りが近づいてきたら、営業マンとの連絡を密にして、決済引渡し日時の設定や、必要な書類や金銭について、早めに案内してもらうようにしましょう。印鑑証明書などの役所に出向いて取得する書類は、なるべく一度で済むように、必要な書類の種類や部数をしっかり確認しないと、思わぬ手間になってしまいます。

　準備する金銭について、現金ではなく小切手で用意する場合は、受け取る側の都合で売主のほかに司法書士や不動産会社など、いくつかに分ける必要があることがありますので注意してください。

　決済引渡日に必要な金銭と書類は、次のものです。

---

① **残代金**
② **登記費用**
③ **固定資産税や都市計画税等の清算金**
④ **管理費等の清算金（マンションの場合）**
⑤ **仲介手数料の残金**
⑥ **認印（共有の場合は全員分）**
⑦ **住民票**

⑧　住宅家屋証明書

住宅ローン利用の場合は次のものも必要です。

①　実印（共有の場合は全員分）
② 　印鑑証明書
③ 　金融機関預金通帳と届出印

（7）現地確認

　決済引渡し当日は、金銭授受や登記などの手続きの関係で、売買物件の現地で物件を確認しながら残金決済の手続きをすることができませんので、引渡しを受けるに当たっての取引物件の確認は決済引渡日の直前または当日に行います。

　売主・買主と宅地建物取引業者が立ち会って、売買契約書や付帯設備一覧表などの物件状況の申告書に基づいて、境界の確認、物件の状況確認、その他売主から買主への引継ぎ事項などを確認します。物件の状況などで、契約時の約束と違うことがないか、しっかりと確認しましょう。

（8）残代金の支払いと物件の引渡し（決済引渡し）

　決済引渡しは、売買代金の残額の売主への支払いと物件の買主への引渡しを同時に行うものですが、不動産を持ってくることはできないために、物件の引渡しは書類や鍵の受渡しをもって行ったことにします。この2つのことを同時に行うために、売主・買主・司法書士・仲介した宅地建物取引業者などが集まって、買主の融資金が実行される金融機関の応接室などで執り行われます。

　決済引渡し当日に行う内容としては、まず登記申請必要書類が売主側も買主側も間違いないかについての確認を司法書士が行います。登記書類が万全であることの確認が済みますと、買主から売主へ残代金を支払い、領収書を受け取ります。続けて、固定資産税などの公租公課や、マンション

の管理費などの費用の清算を行います。

　次に、鍵の番号や本数を確認しながら鍵の受渡しをし、引渡しを完了したことを売主・買主双方にて確認し合う**「引渡し確認書」**の署名と押印を行います。最後に、宅地建物取引業者に仲介手数料の残額（売買契約締結時に一部支払っている場合）を支払い、終了です。

　なお、多くの宅地建物取引業者で行っていることですが、取引の安全性を確保するために、取引する物件の決済引渡し当日の登記簿謄本を取得し、登記内容を確認してから決済引渡し手続きを行うことを勧めます。もしも、登記の内容が契約時と変わっていたら、決済引渡しは中止されます。また、登記申請必要書類に、当日1つでも不備や不足があった場合についても、安全のためにいったん中止し、改めて行うべきです。

（9）登記

　決済引渡しが終了しますと、司法書士は原則として当日中に物件の当該地の法務局に出向き、決済引渡しをした取引内容に基づいた登記を申請します。数日たって登記が終了すると、司法書士を通じて新しい登記識別情報が書留などで届けられます。

> ワンポイントコラム
>
> **＜宅地建物取引士の誕生＞**
>
> 　1957年（昭和32年）に制度が創設された宅地建物取引主任者は、不動産の安全な取引のために欠かせない役割を担ってきました。その業務の中でもウエイトの高い重要事項説明は、法令改正により説明事項が増加・複雑化してきていて、その責任はますます重くなってきています。この宅地建物取引主任者の業務が、より適正に行われるための法令が、2014年6月に可決されました。
>
> 　その改正の中でも目立つのが、宅地建物取引主任者という名称が「宅地建物取引士」に変更されることです。つまり、弁護士・税理士などと同様に「士」という高い立場の呼称となります。この法令の施行は2015年4月ですが、士と呼ばれるにふさわしい業務遂行ができるための方法も、現在検討されています。

2 重要事項説明書の見方

　重要事項説明書はタイトルのとおり不動産取引をするに当たり、買主がよく理解しておくべき物件に関する詳細な内容を整理したものです。しかし、内容が専門的すぎる部分も含まれており、不動産取引に慣れていない一般の方々には、なかなか一度では理解しづらい中身となっています。

　重要事項説明書で説明される項目は、宅地建物取引業法に定められた取引物件に関する事項や、取引条件に関する事項などです。このほかにも、購入に際して、買主の意思の決定に影響を与える事項があれば、宅地建物取引士が説明しなければなりません。

　ここでは、どこにポイントをおいて理解すればいいのかを記します。項目の順番や詳細な内容は、宅地建物取引業者によって使用する書式が異なっていますので注意してください。

❶ **対象となる宅地または建物に直接関係する事項**

（1）**登記簿に記載された事項**

　　　契約直近での登記されている権利の種類や内容で、登記簿の甲区は売主である所有者が名義人になっており、共有の場合は所有者全員の名前が記載されています。乙区は借入金がある場合の抵当権の内容などが記載されており、決済引渡しまでに抹消されることを確認しましょう。

（2）**都市計画法、建築基準法などの法令に基づく制限の概要**

　　　取引物件にかかわる、都市計画法・建築基準法を始めとする様々な法令上の制限の内容について記載されています。建物の建築や増築を予定している方は、法令制限内でしか建築できませんので、内容を十分に理解しましょう。

（3）**私道に関する負担などに関する事項**

取引物件に関連する、私道についての負担などの内容が記載されます。

（4）飲用水・ガス・電気の供給施設および排水施設の整備状況

水道・ガス・電気・排水などの生活関連施設について、現在利用可能な施設や将来の整備予定、負担金の有無、配管の埋められている状況などが記載されます。ガスの種類によっては、今使っている器具が使えない場合もありますので、ガス会社などに確認しましょう。

（5）対象物件が工事完了前の時は、工事完了時における形状・構造などの事項

新築物件でまだ完成していない場合には、工事が完了した時の形状・構造などが記載され、関係する図面などが添付されます。

（6）＜マンションの場合＞１棟の建物またはその敷地に関する権利の種類および内容、共用部分などの管理・使用に関する規約の定めなどに関する事項

マンションの建物や敷地についての権利の種類や内容、共用部分や専有部分に関する規約など、マンションならではの決まり事について記載されます。

（7）対象物件が土砂災害警戒区域内か同区域外かについて

土砂災害が発生するおそれのある土地の区域を、「土砂災害警戒区域」とすることが法律で定められていますが、その区域の内か外かについて記載されます。

❷ **取引条件に関する事項**

（1）売買代金および交換差金以外に売主・買主間で授受される金銭

手付金、固定資産税・都市計画税の清算金、管理費等の清算金などについて、授受の目的と金額が記載されます。

（2）契約の解除に関する事項

売買契約書の中から、契約が解除になった場合に関する内容が記載されます。

(3) **損害賠償額の予定または違約金に関する事項**

売買契約書の中から、契約違反の場合の損害賠償額の予定と違約金についての取決めが記載されます。

(4) **＜売主が宅地建物取引業者の場合＞手付金等の保全措置の概要**

売主が宅地建物取引業者の場合は、売買契約時に売主が受け取る手付金の保全方法について記載されます。この保全措置は、買主が手付金を売主に支払った後で、売主の倒産などで物件の引渡しができなくなった場合に、支払った手付金などを返還してもらえる措置です。手付金などが一定の基準以上の場合は、講じることが法律で義務づけられています。

(5) **支払金または預かり金の保全措置の概要**

宅地建物取引業者が売主から受領または預かった金銭について、支払金や預かり金の保全措置が講じられるか否かが記載されます。

(6) **売買代金に関する金銭の貸借のあっせんの内容および金銭の貸借が成立しない時の措置**

買主が借入れする予定の公的ローンや民間ローンの、金額や金利・借入期間などと、融資特約の解除期限が記載されます。特約の期限は、期限内にローンの融資決定がなされない場合に、売買契約が白紙に戻されるという約束ですので、特約の解除期限は余裕のある期限を設定しましょう。

(7) **その他国土交通省令等で定める事項**

国土交通省令などで定められる、関係のある事項について記載されます。

(8) **割賦販売について**

割賦販売の場合に価格などについて記載されることになっていますが、既存住宅での割賦販売の実例はないと考えてよいと言えます。

第8章　安全に契約を進める

【重要事項説明の事前説明の例】

重要事項説明について（売買・交換用）

1．重要事項説明書とは

　お客様（買主様）が不動産を購入しようとするとき、安全な取引を行なうためには、お客様ご自身が取引対象不動産や取引条件等の重要な事項（これらの事柄を総称して「重要事項」といいます。）について、十分にその内容をご確認いただき、ご納得いただいたうえで売買契約を締結していただくことが必要です。

　重要事項説明書は、購入しようとする不動産について、お客様があらかじめ知っておくべき最小限の事項を列記したものです。

　宅地建物取引業法第３５条には、宅地建物取引業者の義務として、宅地建物取引士によって書面を交付して説明しなければならない一定の事項が掲げられており、重要事項説明書はこの義務に対応するものです。

2．重要事項説明の構成・項目

　重要事項説明書は、その名のとおり取引物件や取引条件等の重要事項を説明する書面で、説明する内容は大別すると「Ⅰ　対象となる宅地又は建物に直接関係する事項」と「Ⅱ　取引条件に関する事項」に分けられます。なお、宅地建物取引業法第３５条の事項以外に説明すべき重要な事項があるときは「Ⅲその他重要な事項」で説明します。また、同法第３４条第２項および第３５条の２で説明が義務付けられている事項を、「Ⅵ　その他の事項」として併せて説明いたします。

　いずれも取引に当たっての判断に影響を与える重要な事項ですので、宅地建物取引士の説明をよくお聞きいただき、十分ご理解の上、意思決定をして下さるようお願いいたします。

重要事項説明書の構成・項目

A　不動産の表示
　取引対象不動産の所在地、土地の地目・面積、建物の種類・構造・建築時期等を記載しています。

B　売主の表示と占有に関する事項
　売主の住所・氏名、登記名義人と同一人か、取引対象不動産に第三者の占有があるかを説明します。

Ⅰ　取引の対象となる宅地または建物に直接関係する事項

1．**登記記録に記載された事項（不動産の所有者、権利関係等）**
　　取引対象不動産に存する登記された権利の種類・内容（所有権・抵当権等）と、登記名義人等について説明します。重要事項説明書に添付の登記事項証明書（登記簿謄・抄本）もご確認ください。

2．**都市計画法、建築基準法等の法令に基づく制限の概要**
　　取引対象不動産の使用、収益および処分について、公法上の制限がある場合に、取引の当事者がこれらの制限を知らないままに取引きし、不測の損害を被ることがないように説明をいたします。

3．**私道に関する負担等に関する事項**
　　取引対象不動産に関連する私道に何らかの負担がある場合や利用制限がある場合に説明します。

4．**飲用水・電気・ガスの供給施設及び排水施設の整備状況**
　　取引対象不動産において現在利用可能な給排水・電気・ガス施設とその配管等の状況、整備されていない場合には、施設の整備予定とその整備に関する負担金の有無等を説明します。

5．**宅地造成または建物建築の工事完了時における形状、構造等（未完成物件・新規物件のとき）**
　　未完成の新築物件等のように、物件の状況が目で見て判断できない場合、完成時の形状、構造等について説明します。（完成済の新築物件等についても同様に説明します。）

(6)．**(区分所有建物) 一棟の建物またはその敷地に関する権利およびこれらの管理・使用に関する事項**
　　区分所有建物（マンション）の場合における一棟の建物、その敷地に関する権利の種類および内容、共用部分等に関する管理・使用に関する規約の定め等いわゆる「マンション」特有の決まりごと等について説明します。

※このような書面を、取引のなるべく早い段階で取引当事者へ渡すことが望ましいと、国土交通省が指導しています。

資料：（一社）不動産流通経営協会

重要事項説明書（1枚目）の例

重 要 事 項 説 明 書

平成○○年 ○月 ○日

売主　　　　　　　　　　　　　殿　　　買主　　　　　　　　　　　　　殿

下記の不動産について、宅地建物取引業法第35条および第35条の2の規定にもとづき、次のとおり説明いたします。
この内容は重要ですので、十分理解されるようお願いします。

取引態様	売買・交換 / 仲介（媒介）・代理・売主	取引態様	売買・交換 / 仲介（媒介）・代理・売主
免許証番号	国土交通大臣（○）第○○○○号		
免許年月日	平成○○年○月○日		
主たる事務所の所在地	東京都○○区○○　○丁目○○番○○号		
商　号	△△不動産株式会社		
代表者氏名	取締役社長　○○○○　東京都××区××　○丁目○○番○○号　○○営業所長　○○○○㊞		
宅地建物取引士	登録番号：（東京）第○○○○○号　氏名：　　　㊞　／　業務に従事する事務所：○○営業所　電話番号(○○)○○○○-○○○○		
営業保証金供託所	東京法務局　東京都千代田区九段南1丁目1番15号		

上記宅地建物取引士から取引士証の提示のもとに、(1)～(5)のとおり重要事項の説明を受け、説明書を受領しました。

平成○○年 ○月 ○日

売主

住所　　　　　　　　　　　　　　　　氏名　　　　　　　　　　　　　　㊞

買主

住所　　　　　　　　　　　　　　　　氏名　　　　　　　　　　　　　　㊞

❸ その他の事項

(1) 取引の態様
売買・交換・貸借の別と、売主・代理・媒介の別が記載されます。

(2) 供託所等に関する説明
不動産取引を行って、宅地建物取引業者から被害を被った場合は、業者が供託している営業保証金または弁済業務保証金の範囲内で、還付を供託所に請求することができます。この対象となる供託所について記載されます。ただし、業者が保証協会の社員の場合は、あらかじめ協会の認証を受けてから、供託金の還付請求をすることになります。

(3) その取引に関与する宅地建物取引業者および宅地建物取引士の記載
仲介した宅地建物取引業者の社名・所在地・免許証番号などと、この重要事項説明書を説明した宅地建物取引士の氏名・登録番号などが記載されます。

ワンポイントコラム

＜重要事項説明書は、早めに入手＞

購入が決まったら、1日でも早く重要事項説明書を入手し、できれば宅地建物取引士による正式な説明も早めの時期に行ってもらうようにします。まだ、書面が出来上がっていないことも多いのですが、完全な状態でなくてもコピーなどを入手して、目を通すようにしましょう。宅地建物取引業者にとっては、買主に不利なことはできるだけ言いたくありません。重要事項説明書に記載されていても、なるべく買主に気づかれないようにサラッと説明してしまうこともありますので、注意して内容を理解するようにしましょう。

3 「法令上の制限」をチェック！

　敷地に建物を建てる場合は、都市計画法や建築基準法をはじめとする様々な法律によって、建築できる建物の大きさや種類などの制限を受けます。自分の建築しようと考えている建物や将来の増改築や建替えを想定して、どのくらいの大きさの建物までが建築可能なのかを確かめる必要があります。特に、詳細な数値に注意する以前に、気をつけなくてはならない法令制限のポイントがあります。

（1）市街化調整区域ではないか

　都市計画法は、都市の健全な発展と秩序ある整備を図り、このことによって国土の均衡ある発展と公共の福祉の増進に寄与することを目的とした法律です。この法律によって種々の区域が定められ、開発行為、建築の可否や内容などに様々な制限が加えられます。

　この中で、**「市街化調整区域」** は、市街化を抑制する区域です。一方、**「市街化区域」** は、すでに市街地を形成している区域と、今後10年以内に優先的かつ計画的に市街化を図るべき区域とされていて、市街化が整然と図られるために **「用途地域」** というルールが定められます。

　市街化調整区域は、原則として建物は建築できませんので、すでに建物があったとしても十分気をつけてください。

（2）用途地域の特徴を把握する

　市街化区域は、用途地域を定めることによって、建築できる建物の種類や大きさなどの制限が加えられています。用途地域には次の表の12種類がありますので、購入しようとしている物件所在地の用途地域の特徴を把握しておきましょう。

【用途地域一覧】

用途地域		特徴	建ぺい率(%)	容積率(%)
住居系	①第1種低層住居専用地域	・低層住宅の専用地域 ・建物の高さ制限は10〜12m以下で2階建てが中心	30 40 50 60	50 60 80 100 150 200
	②第2種低層住居専用地域	・小規模な店舗の立地を認める低層住宅の専用地域 ・150㎡以内のコンビニなどは建築可能		
	③第1種中高層住居専用地域	・中高層住宅の専用地域 ・大学、病院、マンション、500㎡以内の店舗や飲食店は建築可能		100 150 200 300 400 500
	④第2種中高層住居専用地域	・必要な利便施設の立地を認める中高層住宅の専用地域 ・事務所ビルや1500㎡以内の店舗などは建築可能		
	⑤第1種住居地域	・大規模な店舗、事務所の立地を制限する住宅地のための地域 ・3000㎡以内の店舗、事務所、ホテルなどは建築可能	50 60 80	
	⑥第2種住居地域	・住宅地のための地域 ・飲食店、事務所、レジャー施設などは面積制限がなく、パチンコ店なども建築可能		
	⑦準住居地域	・自動車関連施設などと住宅が調和して立地する地域 ・大型立体駐車場、倉庫などは建築可能		
商業系	⑧近隣商業地域	・近隣住宅地の住民のための店舗、事務所などの利便の増進を図る地域 ・店舗付き住宅などが多い	60 80	200、300、400、500、600、700、800、900、1000、1100、1200、1300
	⑨商業地域	・店舗、事務所などの利便の増進を図る地域 ・デパート、映画館、風俗営業などが集まる市街地の中心	80	
工業系	⑩準工業地域	・環境の悪化をもたらす恐れのない工業の利便の増進を図る地域 ・中小規模の作業場が多く、住宅と作業場が一緒の建物も多い	50 60 80	100、150、200、300、400、500
	⑪工業地域	・工業の利便の増進を図る地域 ・住宅は建築可能だが、規模の大きな工場が多い	50 60	100、150、200、300、400
	⑫工業専用地域	・工業の利便の増進を図るための専用地域 ・住宅建築は不可能	30、40、50、60	

(3) 建ぺい率と容積率

建ぺい率と容積率は、敷地の面積に対する建築物の大きさです。建ぺい率は、**敷地面積に対する建築物の建築面積の割合**で、建築面積は通常は1階の床面積になります。建築物の敷地内に一定割合以上の空地を確保することによって、建築物の日照、通風、防火、避難などを確保するために定められたものです。

容積率は、**敷地面積に対する建築物の延床面積の割合**です。建築物の規模とその地域の道路などの公共施設の整備状況とのバランスを確保するこ

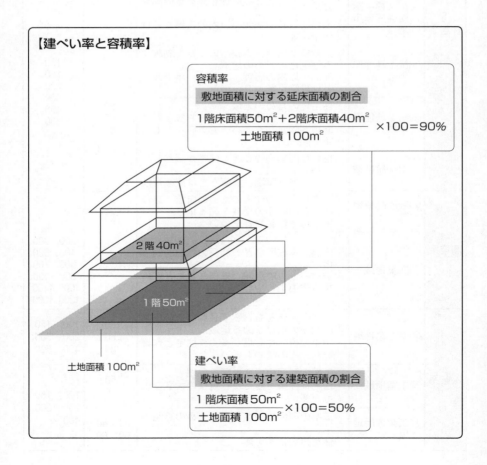

【建ぺい率と容積率】

となどを目的に定められています。双方とも、用途地域の種別と場所などによって、それぞれの最高限度が定められています。

（4）宅地造成工事規制区域ではないか

購入する土地について、「**宅地造成工事規制区域**」に指定されていると、造成されていない場合や、将来に土地の改変の予定がある場合に、許可が必要となりますので気をつけましょう。この指定や内容については、最寄りの役所で確認します。

また、農地を住宅地に変更する場合には、都道府県知事の農地転用許可や届出が必要となり、許可が得られないと売買はその効力を生じませんので注意しましょう。

（5）都市計画道路が敷地に入っていないか

敷地の中に、都市計画道路がかかっていると、建築ができなかったり、将来建物を撤去しなくてはならなくなることがあります。周辺にこの道路ができる雰囲気が全くない時もよくありますが、いつ着工されるとも限りませんので、内容については最寄りの役所でよく確認しましょう。

（6）建物が既存不適格ではないか

建築した時には法令に適合していた建築物が、その後の法改正や都市計画の変更により、現行の法令の規定に合わなくなった場合や、敷地の一部を分割したために面積が減少し、現状の敷地面積では法令の規定に合わなくなった場合があります。

このような建物を「**既存不適格建築物**（きぞんふてきかくけんちくぶつ）」といい、違反にはならず、原則としてそのままの状態で使うことが認められています。しかし、一定の規模を超える増改築を行う場合には、法令に基づいていないことを解消して、建築物全体が建築基準法の規定に適合するようにしないといけません。

また、違反建築物といって、建ぺい率・容積率の制限に違反したもの、違法な増改築や用途変更を無断で行ったもの、接道義務などに違反しているもの、建築確認を受けていないものなどの法令に違反した建築物などがあります。このような場合に、役所は違反建築物の関係者に、その建築物

の除去、使用禁止、使用制限などの措置を採るように命じることが認められています。

既存不適格建築物や違反建築物でも取引はできますが、上記のようなことがあることを十分に理解したうえで契約を行ってください。

ワンポイントコラム

＜将来の増改築や建替えに備える＞

法令上の制限は、なかなか理解できないのが実情です。購入した方にとって知りたい点は、将来、建物の増改築や建替えの時にどのくらいの大きさの建物が建てられるか、といったところになるでしょう。内容がわかりにくい場合は、大雑把でもいいですから理解できるように宅地建物取引業者へ説明を求めましょう。

4 契約書の見方

　不動産の売買契約は、売主が所有している不動産における所有権などの財産権を、買主に対して移転することを約束し、買主が売主に対してその代金を支払うことを約束する、という内容の契約です。契約の締結によって、買主は売主に代金を支払う義務を負うことになり、売主は、売買の目的物である土地や建物を買主に引き渡し、その登記を移転する義務を負うことになります。

　契約書に署名、押印することによって契約の成立の証となることや、当事者間に紛争が生じた場合の証拠となることを理由に、当事者間において合意した内容を、契約書である書面にすることが一般的です。

　売買契約に使う売買契約書は、取引の種類や条件などによって異なり、加えて宅地建物取引業者により使用するフォーマットが違っています。契約を締結した後は簡単に内容を変更することはできませんので、合意した内容が契約書にきちんと盛り込まれているかという点について確認しましょう。

　売買契約書の基本的な記載事項は、次のようになっています。

(1) 当事者の氏名および住所
　売主と買主の住所と名前を自署します。

(2) 売買対象不動産の表示
　一般的には登記簿の表題部の記載どおりに記載され、この表示によって売買不動産を特定します。

(3) 売買代金およびその支払方法
　売買代金の総額、手付金から中間金や残代金支払いまでの支払時期と支払方法について記載されます。売主が宅地建物取引業者の場合は、手付金の額は売買代金の20％を超えることはできません。

(4) 引渡しの時期・所有権移転時期・登記申請について

引渡し・所有権移転・登記申請の時期が記載されます。一般的には、引渡しの時期と、所有権移転および登記申請の時期は同時になりますので、異なる場合は理由を把握しましょう。

(5) 売買代金の清算について

実測売買の場合で、契約をしてから土地の測量をし、売買面積の最終確定をすることを前提に契約を行うケースがあります。この実測清算を前提とした契約の場合は、売買契約時と面積に差異が生じることを見越して、その清算方法が記載されます。実測売買でも契約前に測量が済んでいる場合や公簿売買とした時には、実測と差異が生じても清算しないという内容の条文が入ります。

(6) 売買代金以外の金銭の授受についての定め

登記費用・印紙代・公租公課など、取引に伴い負担者や負担割合を決める必要のある費用について、売主・買主の負担者や負担割合などについて記載されます。

(7) 手付解除・その他の契約解除に関する定め

買主は手付金の放棄により、売主は手付金の倍額を返すことによって、売買契約を解約できるという内容になっているのが一般的で、その内容が記載されます。

(8) 契約違反の場合の取決め

買主または売主が期限を定めた義務の履行をしないで、契約に違反した場合の措置について記載されます。

(9) ローンの利用の特約

住宅ローンの利用がある場合に、融資の実行が否認された時の措置とその期限が記載されます。もしも約束した期限までにローンの利用ができなくなった場合には、無条件で解約できることとし、売主は手付金などの全額を速やかに買主に返還するという内容の取決めをすることが一般的です。

買主にとって住宅ローンを万が一借りられない場合は、契約の続行が不可能になるため、契約を白紙に戻すための条項です。住宅ローンを利用する場合には、この特約事項があることを確認してください。ただし、買主が一定の手続きを行わなかった場合に、本条項による解除ができなくなることがありますので、契約後速やかに借入手続きを行う義務があります。

(10) 天災地変などの不可抗力による損害賠償
　契約から引渡しまでの間に、地震や台風などによる天災地変などの不可抗力によって取引物件に損害が発生した場合に、その責任と負担について定めた内容が記載されます。

(11) 瑕疵担保責任
　物件の引渡しを受けた後に、売主が知り得なかった物件に関する不具合、つまり隠れた瑕疵が発見された場合に、売主の修復などの責任について定めた内容が記載されます。なお、売主が宅地建物取引業者の場合は、引渡しの日から2年未満の瑕疵担保期間を設定した場合は無効となり、民法の規定が適用されることになります。

(12) 公租公課の分担の取決め
　固定資産税・都市計画税などは、引渡日を境に日割りで清算を行いますが、その清算方法について記載されます。

　例えば、公租公課の起算日を1月1日とし、引渡しを4月1日にした場合、その年度の固定資産税等の残りの9カ月分を買主が売主に支払うことで清算します。一般的な慣習として、東日本では1月1日、関西より西の地域では4月1日を起算日としています。

　なお、引渡しを完了した後も年度内の納税義務者は売主のままで、買主に納税通知書が送られてくるのは翌年度以降になります。

> ワンポイントコラム
>
> **<契約書のチェックポイント>**
> 　売買契約書の条文をすべて理解するのがベストですが、現実は難解でなかなか理解できません。契約解除などはすでに重要事項説明でなされていますので、条文としては**瑕疵担保の条文を理解**するようにしましょう。また、契約書の本紙を見て注意する点としては、売買対象不動産の表示や売買代金や支払期日などの**数字に関する部分**が、事前に聞いていた内容どおりきちんと記載されているか、特約条項に誤りや不足はないか、といったところになります。

5 瑕疵担保責任は、とても重要

「瑕疵」というのは、物に欠陥があること、つまりその種のものとして通常有すべき品質や性能に欠けるところがあることや、表示された品質や性能が備わっていないことを言います。住宅で言うならば、例えば購入した建物に雨漏りがあった場合に、通常有すべき品質・性能に欠けることになり「瑕疵」があることになります。

売買の目的物に**「隠れた瑕疵」**がある場合には、買主は売主に対して損害賠償の請求や、状況があまりにもひどい場合には、契約の解除ができます。隠れた瑕疵とは、買主が一般的に要求される程度の注意をもってしても、発見し得なかった瑕疵を言います。この隠れた瑕疵があった場合の売主の責任のことを**「瑕疵担保責任」**と言います。

売主から告げられた瑕疵や、知っている瑕疵、普通の注意をしていれば知り得た瑕疵は、隠れた瑕疵には当たりません。例えば、購入した建物に雨漏りがあることを、事前に売主から申告されていた場合は、隠れた瑕疵には該当しませんので、瑕疵であっても売主に瑕疵担保責任を問えません。

既存住宅については、客観的な側面から見ても、建築後に年数がたっていることによる劣化や、使用による自然損耗などが元からあり、瑕疵かどうかの判定がなかなか難しいという側面があります。わかりやすい瑕疵の例としては、**「雨漏りが発見された」「シロアリの被害が発見された」「建物が傾いている」**といった、客観的にも判定できるものが該当します。

隠れた瑕疵が発見された時には、速やかに仲介した宅地建物取引業者を通じて売主に連絡をして、瑕疵の実態を確認してもらう必要があります。併せて、売主の費用負担で瑕疵の修復を行うことを、請求することができます。ただし、売主が瑕疵の修復を認めると、それ以上に損害賠償を請求したり、契約の解除や無効を主張するといったことはできません。

瑕疵の修復工事については、瑕疵の状況によって対応方法が異なってきますが、修復工事の程度は社会通念上合理的な範囲で行われます。損害賠償の請求や契約の解除の請求は、民法の定めにより、買主が隠れた瑕疵の事実を知ってから1年以内にする必要があります。

　一方、既存住宅を購入する際に、どうしてもこの瑕疵が気になってしかたがない方のために、**「既存住宅売買かし保険」**という制度があり、利用することができます。この制度は国が定めたもので、個人間での売買となる住宅が対象です。取引に際して、所定の検査を受けたうえで保険に加入し、売買後に隠れた瑕疵が発見された場合に保証機関が保証した建物の部分について、保険金が支払われるものです。「既存住宅売買かし保険」については、**第3章 9** をご覧ください。

【法律が規定する瑕疵担保責任】

民法	・契約の解除または損害賠償の請求は、買主が「隠れた瑕疵」の**事実を知ってから1年以内**にする必要がある。 ・売主は、瑕疵担保責任を負わない旨の特約をしても、**知っていて告げなかった事実**については責任を免れることができない。
宅地建物取引業法	・宅建業者が売主の場合、その目的物の瑕疵担保責任の期間について、**引渡しの日から2年以上となる特約**をする場合を除き、民法に規定するものより買主に不利となる特約をすることはできない。 例えば、瑕疵担保責任の期間を引渡しの日から1年とする特約を付けた場合、この特約は**無効**となる。
住宅の品質確保の促進等に関する法律（品確法）	・**新築住宅**の場合、売主は、**引渡しの日から10年間**、住宅の「基本構造部分」について、瑕疵担保責任を負うことが義務づけられている。基本構造部分とは、「住宅の構造耐力上主要な部分または雨水の浸入を防止する部分として政令で定めるもの」と規定されている。 ・新築住宅とは、完成後1年未満のもので、かつ、人が住んだことがないものを言う。
消費者契約法	・「消費者契約」とは、**消費者と事業者との間で締結される契約**を言う。 ・消費者契約の目的物に隠れた瑕疵がある時に、当該瑕疵により消費者に生じた損害を賠償する**事業者の責任の全部を免除する条項**は、無効となる。

> ワンポイントコラム
>
> **<「瑕疵」を理解する>**
>
> 　一般的になじみのない**「瑕疵」**という言葉は、今回の不動産取引で初めて耳にする方も多いと思いますが、とても重要ですので意味をよく理解してください。購入した物件に万が一不備が発生した時には、瑕疵かどうかでその扱いが大きく異なってきます。住宅に関する瑕疵を原因とした裁判も多く、珍しい例としては、屋根裏に多数の鳥が生息していたとか、改築しようとしたら大量の木片やビニール片や腐食物が見つかった、といったものも瑕疵に該当します。

6 契約の解除について

　売主・買主が合意のうえでいったん契約の締結を済ませますと、契約は成立しますので、売主・買主双方は契約の内容を成就させるために努めるのが本来の姿であり、その効力を一方的に否定することはできません。しかし、どうしても契約の解除をせざるを得ないというケースのために、一定の要件に該当した場合には契約が解除できます。

　どうしても契約を解除したいという場合に至ったとしても、完全に白紙解約できるケースは限られていますので、せっかく結んだ契約を解除するのが本当に得策なのか、冷静に考えて決断してください。また、契約の解除をせざるを得ない状況にならないためにも、慎重に検討のうえ、契約を締結することがポイントです。

　以下に、契約の解除に関する主な項目を挙げます。

●**特約による白紙解除**

　売買契約締結に際して付した特約によって、契約の白紙解除がなされます。その中で、一番多く使われているのが融資利用の特約による解除です。

　不動産を購入するに当たって、金融機関や勤務先からの融資を利用するケースがほとんどですが、売買契約締結時点では確実に融資が受けられるかどうかはわかりません。もしも、融資が受けられなかったり減額されたりした場合には、買主が契約を続行することができなくなってしまいます。このため、**「買主の責めによらずに融資の承認が得られない時には、買主は売買契約を解除することができる」**とする条項がこの特約です。

　そのほかにも、売主・買主の合意によってある一定の要件に該当することになった場合には、売買契約を無条件に解除できる特約を付す場合があります。例としては、買換え特約、第三者からの許可や承諾の特約などがあります。

これらの特約により、売買契約が解除となった時は、売買契約前の原状に回復することが必要です。売主は買主から受領した手付金などの金銭を全額速やかに返還しなければならないことになりますが、違約金は発生しません。

● **手付放棄による解除**

　契約の際に、買主から売主に手付金を交付しますが、この目的をはっきり定めなかった場合には、民法では「**解約手付**（かいやくてつけ）」と位置づけており、一般的にはこれが適用されます。解約手付というのは、契約が成立した後に売主または買主は、その相手方が履行に着手するまでの間であれば、買主はその手付金を放棄し、売主はその手付金の倍額を償還して、いつでも契約の解除をすることができるというものです。契約解除の理由は、特には必要ありません。

　例を挙げますと、契約時の買主から売主に支払った手付金が100万円の場合、買主は手付金100万円を放棄すれば契約の解除をすることができますし、売主は受領した手付金100万円の倍額である200万円を買主に支払うことによって、契約の解除ができます。

　なお、相手方が履行に着手するまでの間でないと、契約の解除はできないのですが、この「**履行の着手**（りこうちゃくしゅ）」とは、客観的に外部から認識し得るような形で履行行為の一部を行うか、または履行行為の提供をするために欠くことのできない前提条件を行った場合とされています。

　具体的には、売主による履行の着手に当たる行為として、所有権移転登記の申請や特定の買主のために分筆登記の申請などの実施が考えられます。また、買主の履行の着手行為は、売買代金と引き換えに売買対象物件の引渡しを求めた場合などが考えられます。契約の相手方に履行の着手がある場合は、手付放棄による解除ができなくなります。

● **契約違反による解除**

　売主・買主のいずれかに契約違反があった場合は、違反があった者に対して一定期間内に契約の履行を求める催告をしたうえで、解除することを

通知して、契約を解除することができます。民法では、契約解除によって売買契約が解除された場合には、違反した者に対して、その解除によって生じた損害賠償の請求をすることができるとしています。

しかし、その損害のうちどのくらいの部分が、契約違反によるものかを証明するのはとても困難なことです。このため、民法に基づきあらかじめ**損害賠償額の予定＝違約金**について、契約書に定めておく場合があります。これにより、実損額を立証する必要はなくなり、併せて実損額を上回っても下回っても、その差額は請求できないことになっています。

●引渡し前の滅失などによる解除

売買契約締結をした後、売買物件が売主から買主へ引き渡される前に、火災、地震、台風といった天災地変などによって使用できなくなったり、物件自体がなくなってしまう場合も考えられます。民法上では、このことを「**危険負担**」と言いますが、このような事態が起こることを想定して、一般的な契約書では契約締結後であってもこのような場合は、契約の解除ができることを定めています。また、このような事態が発生して、壊れてしまった場合においても修復が可能であれば、売主は修復して買主に引き渡す内容を契約書に定めます。

天災地変によって売買物件が滅失などに至り、売買契約が解除となった時は、売買契約前の原状に回復することが必要であり、売主は買主から受領した手付金などの金銭を、速やかに返還することになります。なお、この際に違約金は発生しません。

●クーリングオフ制度について

クリーングオフ制度という買受けの申込みや契約を撤回する制度については、既存住宅の売買に多い個人間の取引では適用になりません。ただし、売主が個人ではなく宅地建物取引業者で、一定の条件を満たしている場合に限り、購入契約締結後であっても8日以内であれば、適用される場合があります。

条件としては、売主（宅地建物取引業者）や媒介を行う宅地建物取引業

者の事務所や販売センター以外の場所で買受けの申込みや契約を締結し、クーリングオフ制度の概要の説明を受けてから8日間経過していなくて、物件の引渡しを受けていないか、または代金の全額を支払っていない場合です。

> ワンポイントコラム
>
> **＜手付金の額＞**
>
> もしも契約時に売主へ支払った手付金の額が少ないと、売主の一方的な都合で契約を解約されてしまうということが起こり得ます。めったにないことですが、締結した契約より高い価格や条件で買う人が後から現れた場合、売主は手付金を倍にして買主に返却して契約解除して、新たに条件のいい人と結び直すということが起きています（**第7章 4 のワンポイントコラム**参照）。このため、ある程度の手付金を用意することは必要です。

7 登記を行う

　不動産は、そこに住んだり使用している人がいても、その人が必ず所有しているわけではなく、見た目だけでは誰が所有しているのかはっきりしません。また、不動産は一般的に担保価値があると認められているのですが、お金を借りる時の担保とした場合に、不動産の本当の所有者がはっきりしていることや、その不動産を担保としていることを明示することがないと、貸し手・借り手ともに安心してスムーズな金銭の貸借ができません。

　そこで、国が登記所に不動産登記簿という公の帳簿を設けて、この帳簿に物件の物理的な現況や権利に関する状況を記録し、不動産の保有や取引の安全を図ることにしたのが不動産の登記制度です。不動産登記簿（登記記録）は、不動産の表示やそれに関する権利関係を明らかにするために一定の事項を記録していて、法務局・地方法務局・出張所と呼ばれる登記所で閲覧したり、証明書である謄本や抄本（**登記事項証明書**）の取得をすることができます。

　登記簿は土地登記簿と建物登記簿に分かれていて、土地は１筆ごとに、建物は１個の建物ごとに、またマンションは１棟の建物ごとに分けられて構成されています。それぞれの登記簿の中は、「**表題部**」「**権利部**（「**甲区**」「**乙区**」）」に分かれていて、表題部には所在や面積といったその物件の物理的状況、権利部の甲区には所有権について、乙区には抵当権など所有権以外の権利について登記されています。

　不動産の登記の種類には、表示（表題）に関する登記と権利に関する登記の２つがあります。表示に関する登記は、不動産の物理的な現況についての内容で、土地であれば所在、地番、地目、地積、所有者など、建物であれば所在、家屋番号、種類、構造、床面積、建物の番号、所有者などについて公示するもので、登記簿の表題部になされます。

権利に関する登記は、不動産の権利の変動を公示するもので、所有権の移転や地役権、抵当権の設定・変更・抹消などの時に行われ、登記簿の権利部の甲区と乙区になされます。この登記は、売買の場合は買主と売主が共同して行うのが原則ですが、実際には司法書士が双方の代理人として申請手続を行っています。

　登記を行うことによって、当事者以外の者に対してもその権利を主張できるという「**対抗力**（たいこうりょく）」が生じます。これによって、権利の変動を当事者以外の第三者に対しても、主張する根拠を持つということになるのです。

　また、登記がなされていることによって、実際にその登記の内容どおりの権利関係が存在すると考えられますが、これを「**登記の公信力**（とうきのこうしんりょく）」と言います。しかし、現在の登記制度ではこの公信力を認めていません。嘘をついて登記名義人となった者を信じて、不動産を買った場合に、所有権を取得してしまうといった不測の事態を避けるためです。

　2005年3月から改正不動産登記法が施行されました。これは、すべての登記手続きをインターネット上で可能とする内容がメインで、申請人や関係者全員が個人認証を受けているかといった要件がすべて整えば、オンラインで申請ができます。また、これまで登記の証しとして大切にされてきた登記済証がなくなり、「**登記識別情報**（とうきしきべつじょうほう）」というアラビア数字やアルファベットなどの組合せからなる12桁の符号が、申請人ごとに通知されるようになりました。

【登記識別情報のイメージ】

| 1 7 4 | － | A 2 3 | － | C B X | － | 5 3 G |

　登記識別情報は、登記所が申請された物件と登記内容とともに通知する情報であり、将来売却するなど登記が必要な場合の本人確認手段のひとつとなっています。つまり、登記識別情報を知っていると、本人でなくとも登記ができてしまうということにつながります。通知書の登記識別情報を記載した部分には、秘密を保持するために、張り直しができない目隠し

シールが貼り付けられて通知されます。目隠しシールをはがした時は、登記識別情報を他人に知られてしまうのを防ぐため、封筒に入れて封印するなどの処置をしましょう。そのうえで、金庫に入れるなど取扱いには十分に注意をする必要があります。もしも、登記識別情報を紛失したり忘れたりした場合には、本人確認を行ったうえで再度登記を行うという面倒な手続きが必要となります。

　登記が終了すると、登記識別情報とともに、登記が完了したことを通知する登記完了証が交付されます。従来の登記済証は、ひとつの申請に対して1通しか交付されませんでしたが、登記識別情報は不動産ごと権利者ごとに交付されます。例えば一戸建を夫婦で共有する場合には、土地の夫分、土地の妻分、建物の夫分、建物の妻分と合計4通が交付されることになります。

　なお、すでに登記済証を保有している場合ですが、不動産登記法の改正によって効力がなくなるということではありません。新しい登記がなされた場合に、登記識別情報が交付されるということであり、所有している不動産の登記が従来の登記済証のままの場合には、移転登記をする際に必要となります。登記済証がない場合には、登記識別情報の紛失と同様の面倒な手続きを要しますので、早めに不動産会社に相談してください。

　不動産登記法の改正に伴って、「表題部」「甲区」「乙区」が、従来と同じ「表題部」と権利に関する「権利部（けんりぶ）」になりました。ほかにも、登記申請のときに法務局に必ず行かなければならないという出頭主義がなくなったり、登記済証を紛失したときの手続きとしてあった保証書制度が廃止され、新たな手続きに変更されたりと、いくつかの変更がなされています。

【登記の種類】

表題登記	登記されていなかった土地や建物について、登記簿の表題部に初めてその表示を登記することで、例えば、建物の新築工事が完了して建物が完成すると、建物の所在地番、構造、床面積などを特定する登記を申請する。この登記を「建物の表題登記」と呼び、表題登記に必要な資料を作成する専門家を土地家屋調査士と呼ぶ。
所有権保存登記	登記簿の甲区（所有権に関する事項）に初めてなされる所有権の登記。この登記が完了すると、所有者は初めて第三者に対して所有権を主張できる対抗力を備えることになり、その証しとして登記識別情報が通知される。
所有権移転登記	不動産を売買すると、所有権は売主から買主へ移転するが、この登記のことを「所有権移転登記」という。所有権移転の登記をすると、買主は第三者に対して所有権を主張できる対抗力を備えることになる。
抵当権設定登記	抵当権とは、住宅購入のための貸付金のように貸付金がはっきり確定している債権のことで、この権利の登記を「抵当権設定登記」といい、登記簿の乙区（所有権以外に関する事項）にその内容が記入されます。この時、住宅ローンを貸し出す金融機関を抵当権者（債権者）、住宅ローンを借りる人を抵当権設定者（債務者）という。

8 共有持分を決める

　決済引渡しが終了しますと、購入不動産の所有権取得の登記を行います。この際に、実際に購入に充てた資金の負担者を名義にして登記しないと、贈与税が課税される可能性がありますので注意が必要です。このため、共有者や持分については、契約を締結する前に定めておき、契約締結に立ち会うのも、共有者全員で行うことが必要です。

　自己資金を出した人が夫だけか、妻や親が出していないか、住宅ローンの借入名義はどうなっているかなどの状況に従って、負担者が複数にわたる時は、原則として購入資金の割合に応じた共有持分を設定します。夫が得た収入を、都合によって預金の名義だけ妻や子どもにした場合は、本当に稼いだ人のものとみなされますので、共有にする必要はありません。逆に、そのような預金を名義どおりに共有にすると、贈与税がかかってくることになります。

　例えば、3,000万円の物件をご夫婦の共有で購入した場合の1例を示します。

登記名義	夫	妻
自己資金	500万円	300万円
住宅ローン	2,200万円	なし
負担額の合計	2,700万円	300万円
負担の割合	$\frac{9}{10}$	$\frac{1}{10}$
共有持分	$\frac{9}{10}$	$\frac{1}{10}$

　自己資金の内で妻名義の300万円は、妻が結婚前に勤めていた時に預金したものであることがはっきりしています。このために物件価格3,000万円のそれぞれの負担額の合計が、夫が2,700万円で$\frac{9}{10}$、妻が300万円で

物件価格の$\frac{1}{10}$となり、共有持分も負担額に応じて$\frac{9}{10}$と$\frac{1}{10}$ということになります。

　共有持分については、まずは宅地建物取引業者に確認することをお勧めします。内容が単純なものであれば、宅地建物取引業者のアドバイスに従って持分などを決めることができます。収入が夫婦ともにあり、預金も双方が多額であるというように、内容が複雑で詳しい相談が必要な時には、税理士などの専門家に相談したうえで、慎重に共有持分を決めるのがいいでしょう。

ワンポイントコラム

＜共有持分のメリット＞

　持分を共有にすることによって、将来、購入した住宅が運良く値上がりして譲渡益が出た場合でも、3,000万円特別控除の特例などの優遇税制をダブルで受けることができ、享受する優遇策を拡大させる効果もあります。

第8章　安全に契約を進める

まとめ

❶　購入申込みをすると、早い場合は数日で契約締結にまで至るので、事前にどのような流れになるのかを把握しておく。

❷　重要事項説明書は、買主がよく理解すべき物件の詳細な内容を、法律で定められた取引物件に関する事項と取引条件に関する事項などに整理したもので、とても重要な書類である。

❸　敷地に建物を建てる場合は、様々な法律によって建築できる建物の大きさや種類などの制限を受けるので、建替えなどを想定して、どのくらいの大きさまで建築可能なのかを確かめておく。

❹　売買契約書は、取引の種類や条件などによって異なり、加えて宅地建物取引業者により使用するフォーマットが少しずつ違っているが、合意した内容が契約書にきちんと盛り込まれているかという点について、しっかり確認する。

❺　一般的に要求される程度の注意をもってしても発見し得なかった物件の重大な欠陥を「隠れた瑕疵」というが、これがあった場合には、売主に「瑕疵担保責任」を追及することができる。

❻　契約解除をせざるを得ないというケースのために、一定の要件に該当した場合には解除できるようになっている。しかし、完全に白紙解約できるケースは限られているので、解除が本当に得策なのか、冷静に考えて決断する。

❼　不動産の登記制度は、国が登記所に不動産登記簿という公の帳簿を設けて、この帳簿に物件の物理的な現況や権利に関する状況を記録し、不動産の保有や取引の安全を図るようにしたものである。

❽　実際の購入資金の負担者を名義人として登記しないと、贈与税が課税される可能性があるので、共有者や持分については、契約締結前に定めておく。

第 9 章

リフォームの手順とポイント

1 既存住宅のリフォーム手順

　既存住宅は、建築されてから年数も経過していますし、今まで人が居住していた家ですので、ある程度の傷みや劣化、汚れといった状況がどうしても出てしまいます。しかし、壁のクロスや床のカーペットを交換したり、木部の塗装を上塗りするといった小規模なリフォームを行うだけで、見違えるように生き返ります。

　既存住宅購入者は、半数以上の方々が購入と同時にリフォームをしているとのことです。「既存住宅成約者アンケート」の結果でも、既存住宅購入者のうち、一戸建とマンションでそれぞれ6割の方々が、取引の時に売主または購入した方がリフォームを実施しています。リフォームを行うことによって、購入した物件の魅力が大いに増すばかりでなく、建物自体を長持ちさせることにもつながります（第1章 **7** のグラフ参照）。

　内容としては内装と水回り設備が中心となっていて、リフォームを行った方の8～9割は内装を行っており、水回り設備が7割、冷暖房設備が2割、建具2割という状況です。リフォームにかけたコストとしては、多くの方が300万円までの小規模なものですが、特にマンション購入者は100万円までの方が多くなっていて、購入価格が一戸建よりも低額なこともあり、さらに小規模なものになっています。

　既存住宅購入に際してのリフォームですが、実際に買おうとする物件の状況を見てみないと、リフォームの必要性や工事内容が全くわかりません。このため、当初は自分の知っているリフォーム業者に見積りを依頼するのではなく、仲介してもらう不動産会社に出入りしているリフォーム業者に依頼してみるのも一つの方法です。

　手順としては、購入物件が見つかってから購入申込みをするまでの間に、急いで見積りを取ることになります。リフォームの見積りがないと、資金

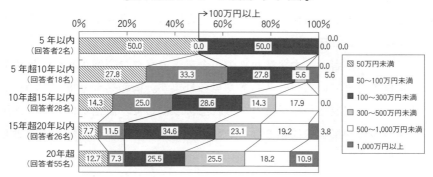

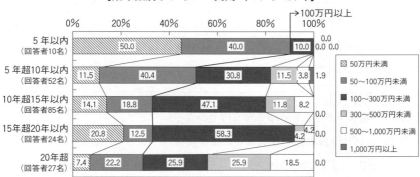

資料：（一社）不動産流通経営協会（2014年調査）

の目安が立たないばかりでなく、購入しようと検討している物件の価格の妥当性がわかりません。また、その後の購入に際しての価格交渉に使えることもあります。

　正式なリフォーム業者の選定や見積りは、売買契約の締結が済んでから行い、決済引渡し日までの間に、リフォーム工事の内容を確定させます。そして、決済引渡しが済み次第、工事に着手し、終了した後に引っ越しをするというスケジュールを組むことになります。

　天井や壁のクロスを張り替える、床のカーペットを交換するといった内容のリフォーム工事は、材料の質を特に高めなければ、面積にもよります

がさほど高い費用にはなりません。しかし、台所や浴室といった水回りの設備の交換を伴うリフォーム工事は、内容にもよりますが 100 万円単位の費用がかかることを認識しておいたほうがよいでしょう。

　リフォーム業者は、大企業から中小企業まで様々な規模があり、建設業者が兼ねて行っているケースも多く見られます。情報を十分集め、いくつかのリフォーム業者から見積りを取れるようにして、価格だけでなく使用する材料の質や業者の信頼性などを考えたうえで、工事を依頼する業者を選びましょう。

　リフォームに関しては、中立的なインターネットサイトも増えてきていて、情報収集には大いに役立ちます。簡単に見積ってもらえるものもあり、リフォームをする箇所や具体的な仕上げ、予算の目途、業者選定などいろいろな使い方ができます。行政や業界が関係している中立的なサイトを、参考に挙げておきます。

住まいるダイヤル（〈公財〉住宅リフォーム・紛争処理支援センター）	https://www.chord.or.jp/
JERCO（〈一社〉日本住宅リフォーム産業協会）	http://www.jerco.or.jp/
〈一財〉住まいづくりナビセンター	http://www.sumanavi.info/
〈一社〉住宅リフォーム推進協議会	http://www.j-reform.com/
REPCO（〈一社〉マンションリフォーム推進協議会）	http://www.repco.gr.jp/

第9章 リフォームの手順とポイント

【既存住宅購入に伴うリフォームの流れ】

住宅の購入	リフォーム
購入の検討開始　↓	**(1)情報の収集** リフォーム会社やリフォーム実例などの情報を集める。
購入住宅の特定 購入申込み ↓ 売買契約 ↓	**(2)プランの検討** 購入したい物件がリフォームの必要がある場合、費用を確認するため、至急見積りを取る。 **(3)資金計画** 購入物件の資金計画とともに、資金を組み立てる。 **(4)業者選びと見積り** 設計事務所、工務店、工事専門店などから、正式にリフォームの内容に合った業者を選び、見積りを取る。 **(5)契約** 金額、内容に納得できれば、施工業者と必ず契約書を取り交わす。
決済引渡し ↓	**(6)施工** 物件の引渡しを受けたら、即座に工事に着手する。 **(7)完成** 完成状況を、リフォーム業者立会いでチェックする。
引っ越し	

2　業者の選定と見積り

　リフォーム業者の情報を集めたら、何社かの業者を選び、見積りを取ります。これがリフォームの第一歩になります。満足のいくリフォームが実現できるかどうかは、ここがポイントになります。数社といってもあまりたくさんになると、手間と時間ばかりかかってしまいますので、3社くらいがいいところでしょう。

　リフォーム業は、特に許可などを得て営む業種ではなく、顧客の要望に応えられる技術さえ持っていれば、誰でも行える業種です。このため、建築を主にする業者などが兼ねて営んでいるケースも多く見られます。業者の信頼性を見るための目安としては、**（一社）日本増改築産業協会・（一社）住宅リフォーム推進協議会・（一社）マンションリフォーム推進協議会**などの**各種業界団体に加入しているか**どうかもその一つです。

　リフォーム業者に、自分のイメージしているリフォームプランをいかに正確に伝えるか、どこをどうしたいか、どこにこだわっているか、希望のグレードはどの程度か、予算はいくらくらいを考えているかなど、細かく理解してもらうことが必要です。

　ここを面倒と思ってアバウトにしたまま業者に任せてしまうと、自分の思っていたイメージと異なった出来具合になり、トラブルの元にもなります。当初の予算を大幅に超えてしまうといったことも起こりがちですので、たとえ小規模なリフォーム工事であっても口頭での約束ではなく必ず見積りを取りましょう。大規模なリフォームになると、立案をするための見積り、契約するための最終見積り、工事中に変更が出れば変更見積りと、3通りの見積りを取ることになります。

　見積書をもらったら、希望どおりの内容であるか、数量などに間違いはないか、金額が不当でないかなど、内容を詳細に確認しましょう。小規模

第9章　リフォームの手順とポイント

【住宅リフォーム工事請負契約書の例】

平成　　年　　月　　日

住宅リフォーム工事
請 負 契 約 書

印紙貼付欄
1万円未満：非課税
1万円以上100万円以下：200円
100万円を超え200万円以下：400円
200万円を超え300万円以下：1,000円
300万円を超え500万円以下：2,000円

工事名称 ＿＿＿＿＿＿＿＿＿＿＿＿＿＿＿＿＿＿＿＿

工事場所 ＿＿＿＿＿＿＿＿＿＿＿＿＿＿＿＿＿＿＿＿

工期　平成　　年　　月　　日　より　平成　　年　　月　　日　まで

注文者名 ＿＿＿＿＿＿＿＿＿＿＿＿＿＿＿様　印　TEL

住所 ＿＿＿＿＿＿＿＿＿＿＿＿＿＿＿＿＿＿　FAX

請負者名 ＿＿＿＿＿＿＿＿＿＿＿＿＿＿＿＿＿　TEL

代表者 ＿＿＿＿＿＿＿＿＿＿＿＿＿＿＿　印　FAX

住所 ＿＿＿＿＿＿＿＿＿＿＿＿＿＿＿＿＿＿＿

担当者名 ＿＿＿＿＿＿＿＿＿＿＿

１．請負金額

　　　　　　金　　　　　　　　　　　　　　円（税込）

２．工事内訳

工事項目	摘要（仕様）	（単価・数量・時間 等）	小計
１．			
２．			
３．			
４．			
５．解体・廃棄物処理費			

工事価格　（税抜き）	
取引に係る消費税等	
合計　　（税込）	

■請負条件：工事用の電気・水道・ガスについては、お客様宅のものを使用させていただきます。また本工事は見えない部分等の状況により施工内容、並びに工事金額に予測できない変更が生じる場合がありますので、ご了承くださるようお願いいたします。

■添付書類：工事内容を補足するため次の書類を添付します。（打ち合わせシートと工事請負契約約款は必ず添付する。その他、添付する資料に○印を付ける）

◎ 住宅リフォーム工事打ち合わせシート	◎ 住宅リフォーム工事請負契約約款	・御見積書	・仕上げ表
・カタログ　（１．　　　）		（２．　　　）	（　　　）
・その他　（１．　　　）		（２．　　　）	

３．支払方法　　前払金（　　　　　　　　　　　）　金＿＿＿＿＿＿＿＿＿円（税込）

　　　　　　　　　部分払（　　　　　　　　　　　）　金＿＿＿＿＿＿＿＿＿円（税込）

　　　　　　　　　竣工払（工事完了確認後　　　日以内）　金＿＿＿＿＿＿＿＿＿円（税込）

　　　　　　　　　　　　　　　　　　　　　　　　　　金＿＿＿＿＿＿＿＿＿円（税込）

▼この契約の証として本書を２通作成し、当事者が署名または記名押印の上、各自１通を保有する
※　この書類は大切に保存してください。

資料：（一社）住宅リフォーム推進協議会

なものならまだしも、「**工事一式**」などと記載されていて、**総額だけしかなく内容がわからない場合は要注意**ですので、なるべく細かい部分の金額まで明記してもらえるように依頼します。数社の見積りを比較して、金額的な差が大きく異なっている場合は、なぜ高いか安いかなどよく確認しましょう。

　職人の工賃は、施工代とするか材工の中に材料費と手間賃が合計され坪単価などで表されることが多いです。諸経費には、工事現場の運営に必要となる電話連絡費、事務用品代、駐車場代などの現場経費と、工事原価以外に工事をサポートするために必要な、間接的にかかわってくる一般管理費が含まれています。

　見積り内容の確認ができたら、工事請負契約を契約書を使って締結します。契約書には、希望どおりのリフォーム工事内容、請負代金の金額と支払方法、工事の期間などが記載されているかをよく確認したうえで署名捺印しなくてはなりません。正式な契約の場合は、工事請負契約書、工事請負契約約款、実施設計図・仕様書、見積書の４点が用意されます。

　リフォームは金額の多少に差があったりすることもあり、口約束で工事の依頼をすることが見られますが、後日のトラブルなどを考慮して、必ず契約書を使って依頼しましょう。もしも、発注した内容と違った工事が行われたり、業者にミスなどがあったりした場合には、契約書がないと法的な手段を取ることもできず、最悪の場合、泣き寝入りするしかなくなってしまいます。

　リフォーム工事には、工事の保証についての法的な義務づけがないため、業者によって保証内容は様々です。新築工事と同じように、リフォームについてもアフターサービスを行っているところもあれば、別料金で補修を行う業者もあるといった具合です。どちらにしても、契約の時に契約約款を渡されますので、どのような保証があるのか約款の内容をしっかり確認しておきましょう。

第 9 章 リフォームの手順とポイント

> ワンポイントコラム
>
> **＜リフォーム業者＞**
>
> リフォーム工事と一言で言っても、その内容や発注金額などによって大きく差があります。多少の手直し修理や表面塗装程度であれば、あまりナーバスにならずに仲介を依頼した不動産会社が紹介してくれるリフォーム業者に頼んだほうが、手間が省けて確実に行ってくれることも考慮に入れましょう。

3 マンションのリフォーム

　マンションでは、利用形態が共用部分と専有部分に分離されているため、きちんとルールに従い、他の住民に迷惑をかけないように十分に配慮してリフォームすることが必要です。リフォームをして入居してみたら、リフォームが原因で他の住民の方とトラブルになってしまったということでは、せっかくの新居が台無しです。このようなことのないように、マンションの規約をよく確認して、ルールを守って手続きもきちんと踏んで工事に入りましょう。

　まず共用部分は、マンション所有者全員の共同財産として管理されていますので、勝手にリフォームすることはできません。あなたができるのはあくまでも専有部分としてコンクリートの壁、床、天井で区切られた内側部分だけになり、玄関扉、バルコニー、サッシや窓は共用部分になりますので、交換や塗装はできません。

　間取りの変更については、専有部分であれば可能ですが、構造上で建物を支えている壁や柱を取り除くことはできないといった制約を受けるケースもありますので気をつけましょう。一般的にマンションはラーメン構造のものが多く、この構造なら梁と柱さえいじらなければ、間取りの変更は比較的やりやすいです。一方、壁式構造のマンションは、鉄筋コンクリートの構造壁で建物を支えているため、取り除くことのできない壁が含まれていることを前提に行わざるを得ませんのでご注意ください。

　キッチン・浴室・洗面所といった水回りのリフォームを行う場合は、制約のあることがあります。水回りにある給排水管は、専有部分と共有部分に分かれており、専有部分であれば手を加えることも可能ですが、共用部分については前述のように勝手に変更することはできません。専有部分であっても、排水勾配などの問題もありますので、水回りや間取りの変更は、

第9章 リフォームの手順とポイント

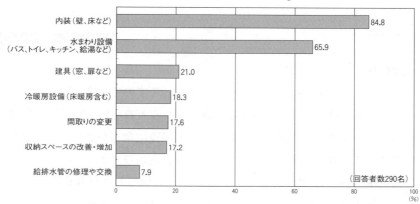

資料：（一社）不動産流通経営協会 2014年調査

専門家とよく相談しましょう。

　壁や天井などの壁紙であるクロスは、汚れていたりカビが発生していたり、またハガレが目立ったりした際には、美観や衛生面を考えて張り替えることをお勧めします。前の居住者が引っ越した後を見ると、ビニールクロスなどに家具などの跡がクッキリと残っていたり、家具の後ろの壁がカビで真っ黒になっていることも多々あります。なお、クロスの色や柄は、なるべくシンプルなものを選択したほうが、住んでから飽きがこなくて、家具や装飾品とのコーディネートもしやすいものです。

　カーペットの床をフローリングに変更したい場合は、管理規約を読んで、管理組合によく確認しましょう。一般的には、騒音問題を考慮して、カーペットからの変更を認めていないマンションが多いです。また、フローリングが可能なところでも、遮音等級まで細かく定めているマンションもありますので注意が必要です。

　リフォーム工事を行うに当たっては、管理規約などにのっとった手続きが必要ですが、それぞれのマンションによって異なっています。マンションによっては、事前に所定の書類をそろえて提出し、理事会などの承認を得ないと、工事に着手できないところもありますので、スケジュールなど

を考えて早めに確認するようにしましょう。

> ワンポイントコラム
>
> **<壁のリフォームの注意点>**
>
> マンションの専有部分はコンクリートの箱ですので、床・壁・天井がクロスであればすべて張り替えて、建具や枠などを塗装し直せば、見違えるほどキレイになります。これに加えて予算に余裕があれば水回りをリフォームすれば、全く新しい住戸に生まれ変わります。
>
> 最近あったトラブルとして、いくつかに仕切られた部屋の壁を取り払って大きな1室にしようとしたところ、どうしても取れない壁があったというものです。マンションの場合、建物の構造上荷重を支えている耐力壁という壁があり、これを取り外したり穴を開けることはできません。リフォームで壁を取り払おうとする時は、取れる壁かどうかを必ず事前に確認しましょう。

4 一戸建のリフォーム

　一戸建のリフォームは、建築基準法など法律で規制された制限範囲内であれば、建物の構造的な制約を除いて、基本的に何でも自由にできます。

　建築されてから年数の経過した物件の場合に、大幅にリフォームをして建物を使い続けるか、取り壊して新しく建て替えるかという選択肢になることもあります。費用のことから考えると、新しく建て替えるより手を加えて使い続けたほうが、コスト面の効率は良いと言えます。最低限だけ手を加えたいという方は、汚れが激しくキレイにしたいと思うところや、傷みや劣化によって今後の使用に支障があるといった箇所を中心に補修を加えることになります。

　実際に既存住宅を購入した方の実態を見てみると、マンションに比べ一戸建のほうがコストをかけてリフォームを行っているのと、工事を行っている箇所が内装をはじめ多岐にわたっているという結果が出ています。「既存住宅成約者アンケート」によると、工事をした箇所としては、内装8割、水回り7割、冷暖房設備3割、外装・建具・間取り各2割などが挙げられています。

　木造建築の修繕の目安を見てみますと、まず屋根の場合、セメント瓦やスレートを葺き替えるのは、15年から30年くらいの間が目安になりますが、色あせが気になってきたら塗り替えを行います。亜鉛メッキ鋼板やアルミニウムの金属板の場合は、状況にもよりますが10年から20年くらいたって劣化が見られる時に葺き替えを行います。

　外壁の塗り替えは、15年から20年くらいたって全体的なカビや汚れが目立ってきてからが目安となりますが、ひび割れなどが目立ってきて劣化が明らかな時には、全面補修も考えなくてはなりません。ひび割れのひびが0.3mmを超すようであれば、放っておくと劣化の進む原因となるの

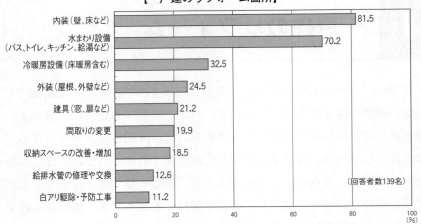

【一戸建のリフォーム箇所】

- 内装（壁、床など） 81.5
- 水まわり設備（バス、トイレ、キッチン、給湯など） 70.2
- 冷暖房設備（床暖房含む） 32.5
- 外装（屋根、外壁など） 24.5
- 建具（窓、扉など） 21.2
- 間取りの変更 19.9
- 収納スペースの改善・増加 18.5
- 給排水管の修理や交換 12.6
- 白アリ駆除・予防工事 11.2

(回答者数139名)

資料：(一社) 不動産流通経営協会 2014年調査

で、コーキングを施すなどの処置が必要になります。

　板張りの場合は、数年ごとに色あせや変色が見られたら小まめに塗り直しを行い、反りや腐朽が出てきたら、15年から20年くらいを目安に全面取替えを行います。

　内装については、壁や天井のクロスは汚れやカビが目立っていれば張り替えを行い、木部についても色あせや塗装のハガレがあれば塗り替えを行います。床のカーペットや畳が汚れたり傷んでいれば交換します。内装に手を入れると、家の雰囲気が大きく変わり、建築されてから時間がたっていることも感じさせません。

　水回りについては、劣化や汚れを補修するのであれば、さほど手間のかかる工事にはなりませんが、厨房セットの交換、和式トイレを洋式に替える、洗面化粧台を交換するなどといった内容ですと、希望する工事や器具の種類によっても費用や手間が大幅に異なってきますので、リフォーム業者とよく相談をしてください。

　もしもシロアリを見かけたら、被害は建物全体におよぶこともありますので、専門家に調査を頼みましょう。シロアリの見分け方は、見た目は普

通の羽アリと違い、4枚の羽がほぼ同じ大きさと形をしており、腰の部分がくびれていないのが特徴です。

　シロアリは木部だけを加害するのではなく、プラスチックや合成ゴム製の新建材も加害し、特に発泡スチロールや発泡ウレタン系の断熱材は、材木より好んで加害されます。また、レンガやコンクリートにも穴を開けることもあります。被害があれば状況に合わせた処置が必要ですので、調査とともに専門家に依頼することになります。

> **ワンポイントコラム**
>
> **＜シロアリ対策＞**
>
> 　一戸建で最も恐ろしいと言われるシロアリは、一般の方が見つけるのは難しいでしょう。まずは、これまでに防蟻処理を行ったかを確認することです。どうしても心配であれば、信頼できる専門の業者に調査を依頼することになりますが、住宅性能検査のオプションとしても行うこともできます。

第9章 リフォームの手順とポイント　まとめ

❶　手順は、購入物件が見つかってから購入申込みをするまでの間に取り急ぎ見積りを取り、正式なものは契約締結後に取る。そして、残金決済が済み次第工事に着手し、終了後に引っ越しをするというスケジュールを組む。

❷　何社かの業者を選び、自分のイメージしているリフォームプランを正確に伝え、細かく理解してもらったうえで見積りを取る。満足のいくリフォームが実現できるかどうかは、ここがポイント。

❸　マンションのリフォームは専有部分に限られるが、建物構造や規約などによって制約を受けることがあることと、実施手続はルールに従って行い、他の住民に迷惑をかけないように配慮することが必要。

❹　一戸建のリフォームは、建築基準法など法律で規制された制限範囲内であれば、建物の構造的な制約を除いて、基本的には何でも自由にでき、実績も内装8割、水回り7割、冷暖房設備3割、外装・建具・間取り各2割など広範にわたっている。

第10章

買換えの進め方

1 売却と購入のタイミング

　今住んでいたり所有している不動産を売却して、新たに住宅を購入する**「買換え」**を前提としている方も多いことと思います。不動産価格が、バブル期をピークに下降してきているために、売却される多くの方々が、購入した時と売却した時の「差損」が発生することを覚悟のうえで行っています。

　しかし、買換えであれば、購入する物件が下降しているので現金では損でも、購入する物件の価格を考えれば損はなく、購入する物件の価値次第ということになります。また、マイホームを売却した場合には、譲渡損失について税金の一部が戻ってくる制度があります。

　これは、**「居住用財産の買換え等の場合の譲渡損失の損益通算及び繰越控除」**という制度で、マイホームの買換えで損失が出ると、その年の他の所得と損益通算してなお損失が出る場合に、翌年以降最長3年間、この譲渡損失を繰り越して控除することによって、所得税と住民税が軽減できる有利な制度です。ただし、延長され続けているものの時限的な特例制度であり、現在は2015年12月末までとなっています。売却損が発生するケースで、買換えをしないで所有している不動産を売却し賃貸住宅に住み換える場合にも受けられる制度もあります。**「特定居住用財産の譲渡損失の損益通算及び繰越控除」**という制度で、売却時に償還期間が10年以上ある住宅ローンの残高があることなどが条件になります。

　一方、運よく譲渡益が出た場合については、譲渡所得から3,000万円が控除される「3,000万円特別控除」という制度があり、利用されています。譲渡所得が3,000万円を超える場合には、加えて「10年超所有軽減税率の特例」や「特定居住用財産の買換え特例」といった制度もありますが、やはり特例制度のため、利用する際に適用となるか確認が必要です。

マイホームからマイホームへの買換えで、所有者も給与所得者であり、1つの勤務先からだけ給与を得ているといった方であれば、適用されるのは譲渡所得における利益や損失への優遇税制だけで単純です。しかし、不動産をいくつか保有していたり、所得が多岐にわたっていたり、贈与があるなどというように、税金に関係のある要素がいくつか思い当たる場合、申告の方法によって税額が変わりますので、専門の税理士に相談することをお勧めします。

　買換えというと、数年前までは家族の成長や増員などの理由も含め、より広くより好立地へといったランクアップがほとんどでした。最近では、世の中の少子高齢化を反映して、老夫婦が一戸建を売却して、利便性の高い立地のコンパクトなマンションを購入するといった**「スケールダウン買換え」**のケースも増えてきています。

　単に売却するだけであれば、高く早く売れればいいということになりますが、買換えですと**売却と購入のタイミングが大きなポイント**になります。売却物件の引渡しや売却金の受取り時期が、購入した物件のスケジュールとうまく合わないと、**「仮住まい」**や**「つなぎ融資」**を使うといった無駄が生じてしまうこともあります。

　売却と購入の検討は同時に行うとしても、**「どちらを先に始めればいいのか」**という質問をよく受けます。結論から言いますと、どちらも可能で、後はケースバイケースということになります。迷っている方については、とにかく手持ちの物件を売却できないことには前に進めないのですから、まずは手持ち物件の売却活動に着手することをお勧めします。もしも、売却しようとしている物件が、買手がすぐにでも見つかるという状況であるならば購入から進めましょう。

　手持ち物件の売却を先行して進める方法を、**「売り先行」**と言います。売り先行のメリットは、売却に関する価格やスケジュールの目安をつかんで購入物件を決められるので、安全性が高いということです。売却金額がはっきりしないと、購入物件の資金計画がしっかり立てられず、売却金額

【「売り先行」と「買い先行」の比較】

	メリット	デメリット
売り先行	○売却に関する価格やスケジュールの目安をつかんで購入物件を決められるので、安全性が高い。 ○売却をあせる必要がないので、売却価格やその他の条件について、じっくり詰めて進めることができる。 ○売却物件と購入物件のローンが重なって、返済が二重になることが避けられる。	●売却の契約をするとスケジュールが確定するため、購入物件がなかなか見つからない時は、急いで購入物件を探して決めなくてはならない。 ●場合によっては入居のタイミングが合わないために、仮住まいなどの用意が必要になることもある。
買い先行	○購入物件をじっくり選べる。 ○購入物件のスケジュールに合わせて、売却に関する日程を調整しやすい。	●購入物件の決済までに売却が決まらない時は、つなぎ融資などを使って購入物件の決済をしたり、売却物件と購入物件の両方のローン返済をしなくてはならないといった事態があり得る。

を堅めに見て概算で行うことになります。また、売却をあせる必要がないので、売却価格やその他の条件について、じっくり詰めて進めることができます。売却物件と購入物件のローンが重なって、返済が二重になることも避けられます。

　デメリットとしては、売却の契約をするとスケジュールが確定しますので、購入物件がなかなか見つからない時には、急いで購入物件を探して決めなくてはならないことです。また、場合によっては入居のタイミングが合わないために、仮住まいなどの用意が必要になることもあります。

　一方、購入物件を先に決めてから手持ち物件の売却活動をスタートさせる方法を、**「買い先行」**と言います。買い先行のメリットは、購入物件をじっくり選べることが第一で、購入物件に強いこだわりを持って探したい方は、この方法がいいでしょう。また、購入物件のスケジュールに合わせ

て、売却に関する日程を調整しやすいという利点もあります。

デメリットとしては、購入物件の決済引渡しまでに売却が決まらない時は、つなぎ融資などを使って購入物件の決済をしたり、売却物件と購入物件の両方のローン返済をしなくてはならないといった事態があり得るということです。

売り先行と買い先行とどちらの方法を取るにしても、売却物件と購入物件の資金や引渡しのタイミング調整が必要ですので、売却と購入を同じ不動産会社に依頼したほうが買換えをスムーズに進めることができます。不動産会社によっては、つなぎ融資や仮住まいの手配など、買換えをスムーズに進めるためのシステムをいろいろとそろえていますので、不動産会社選びの参考にしてみましょう。

ワンポイントコラム

＜不動産会社に相談を＞

売りを先行させるか、買いを先行させるかは、売却物件や購入しようとしている物件の、市場状況や引渡し日程など様々な要因がからんでくるので、自分で決めてしまうよりも、不動産会社に相談することをお勧めします。買換え先を新築マンションと考えている方であれば、多くの新築を扱う不動産会社では、買換えを連動させて、もしも売却が不調の場合でも購入を白紙解約できる特約を、一定条件のもとで使えるようにしていますので、もしも売れなかった場合を考えると、安全性は高いと言えます。

2 売却の流れ

　売却をする際には、売却希望物件がいくらで売れるかを、不動産会社に調査のうえで提案してもらう**「価格査定」**があります。この価格査定を参考にして売却依頼をする不動産会社を選んだり、売出し価格をいくらにするのかを決めます。

　売却をきちんと不動産会社に依頼するために、口頭だけではなく媒介契約の締結をもって正式に頼むことになります。売却活動を行う不動産会社も媒介契約の締結がないと、販売促進のための活動を始めることはできないことになっています。

　売却に当たっては、次のように購入とは少し異なった流れになります。

（1）売却の相談

　売却の依頼をする不動産会社の情報を収集するため、雑誌などの情報誌やインターネットを活用するとともに、実際に不動産会社に出向いて、売却の相談に乗ってもらいます。訪問した不動産会社や応対した営業マンの態度から、本当に希望どおりに成約させてくれそうか、信頼できそうか、熱心さや親切さはどうか、などの観点からよく観察して、数社に価格査定を依頼します。

（2）基礎的物件調査

　価格査定の依頼を受けた不動産会社は、売却希望物件の基礎的な調査を行います。権利関係、法令制限、生活関連施設などが調べる内容ですが、売却不動産の状況や権利関係について、売主からの申告も求められます。

（3）価格査定

　不動産会社は、基礎的物件調査に基づいて売却希望物件の価格を査定し、依頼者に対して書面などにした資料を使って価格査定の報告をします。この報告を参考にして依頼する不動産会社を選定し、いくらで売り出すかの

売出し価格を決めます。

（4）媒介契約の締結

売却を決断したら、正式に媒介の依頼を不動産会社に発注するとともに、その証しとして媒介契約を締結します。媒介契約には、他の不動産会社に重ねて依頼するかなどの違いにより**「専属専任媒介契約」「専任媒介契約」「一般媒介契約」**の3種類があり、どの方式で依頼するかを選択します。詳しくは、「第10章❺どの媒介契約がいいのか？」をご覧ください。

（5）購入希望者探し

宅地建物取引業者間のコンピュータネットワークである指定流通機構の「レインズ」に、売却不動産の情報を登録し、広く売却情報を発信します。これにより、購入希望者を抱える広範囲の不動産会社が売却物件を知ることができ、依頼した不動産会社以外の会社がストックしている条件の合う購入希望者にも、情報が伝えられるようになります。もしも購入希望者が出てくれば、売却依頼をした不動産会社に連絡がいきます。

また、新聞折込みチラシ、住宅情報誌などの広告やインターネットなどに売却不動産を掲載して、購入相手の発見に向けて販売促進活動を行います。購入希望者が出てくると、売却物件を見学してもらい、購入に結び付けられるように営業します。販売促進活動の1つとして、**「オープンハウス」**という特定した日に自由に売却物件を見学できるイベントを取り入れる場合もあります。

（6）売買の相手方との交渉

購入希望者から購入条件の提示があれば、不動産会社は依頼主である売主と連絡を取りながら、価格やその他の条件について相手側と折衝を行います。購入希望者は購入申込書（**「買付け」**とも言われている）に希望条件を明示しますので、価格に加えて、契約条件や引渡し日程などを含めて、自分の条件に合っているかを検討したうえで返事をします。

（7）売買契約の締結

売主と購入検討者との間で、価格やその他条件に関して合意に至れば、

売買契約締結手続を行います。売主と買主の双方が、不動産会社の応接室などに集合して執り行います。

契約に先立ち、不動産会社が調査した結果や売主から聞き取りした結果を基に、買主に対して宅地建物取引士が重要事項説明を行います。売買契約書の内容を、不動産会社が売主・買主に対して説明した後に売買契約を締結し、売主は買主から手付金を受け取ります。

また、仲介を依頼した不動産会社に、媒介契約に基づいて仲介手数料の半金を支払うことになります。

(8) 物件引渡しの準備

残代金の受領と物件の引渡しは同時に行われるため、引っ越しを事前に済ませておかなくてはなりません。引っ越しが済んだら、電気・ガス・水道などの公共料金の清算も済ませておきます。

売主にローンの残債があれば、引渡しまでに全額返済したうえで、抵当権の抹消をしておくのが原則となります。しかし、残債を抹消するための資金は決済しないと入ってきませんので、決済引渡しの時に同時に執り行うことになります。このために、事前に融資を受けているローンの抹消書類やローン残債額の確認などの準備をあらかじめ行います。

(9) 残代金の受領と物件の引渡し（決済引渡し）

売主、買主、司法書士、不動産会社の担当者が集まり、買主のローンなどの関係で、金融機関の応接室などで行います。買主から売買代金の残額を受領し、買主に対して物件の引渡しをします。併せて、売主は買主に対して、所有権移転登記等のために必要書類の交付を行い、売却物件が建物の場合は玄関の鍵などを渡します。固定資産税などの公租公課や管理費などの諸費用の清算も行います。

売主にローンの残債があれば、受領した売買代金でローンの残債を一括返済し、抵当権の抹消手続を司法書士に依頼することを決済引渡しと同時に行います。なお決済引渡し終了後、司法書士が法務局へ行って登記申請を行いますが、その順序はまず抵当権抹消の登記申請を行い、その後で所

有権移転登記を申請するという順になります。

　決済引渡しの手続きが済んだのを確認したら、不動産会社に仲介手数料の残額を支払います。

　買換えの場合は、上記売却の流れと購入の流れが同時で行われることになります。そして理想的なのは、それぞれの流れの時期が異なっていても、最後の売却物件と購入物件の決済引渡しが、同時期に行われることがベストです。決済引渡しが同時期に行われますと、つなぎ融資や仮住まいといった無駄を省くことができ、スムーズな買換えが実現します。

【売却の流れ】

(1) **売却の相談**
売却の依頼をする不動産会社の情報を収集するため、情報誌やインターネットを活用するとともに、実際に不動産会社に出向いて、売却の相談に乗ってもらう。

(2) **基礎的物件調査**
価格査定の依頼を受けた不動産会社は、売却希望物件の基礎的な調査を行う。

(3) **価格査定**
不動産会社は、基礎的物件調査に基づいて売却希望物件の価格を査定し、依頼者に対して書面などにした資料を使って価格査定の報告をする。

(4) **媒介契約の締結**
売却を決断したら、正式に媒介の依頼を不動産会社にするとともに、その証しとして媒介契約を締結する。

(5) **購入希望者探し**
宅地建物取引業者間のコンピューターネットワークである指定流通機構に、売却不動産の情報を登録し、広く売却情報を発信する。また、新聞折込みチラシ、住宅情報誌などの広告や、インターネットなどに売却不動産を掲載して、購入相手の発見に向けて販売促進活動を行う。

(6) **売買の相手方との交渉**
購入検討者から購入希望の提示があれば、不動産会社は依頼主である売主と連絡を取りながら、価格やその他の条件について相手側と折衝を行う。購入検討者は購入申込書（「買付け」ともいわれている）に希望条件を明示する。

(7) **売買契約の締結**
売主と購入検討者との間で、価格やその他の条件に関して合意に至れば、売買契約手続を行う。売買契約を締結後、売主は買主から手付金を受け取る。

(8) **物件引渡しの準備**
残代金の受領と物件の引渡しは同時に行われるため、引越しを事前に済ませておかなくてはならない。また、事前に融資を受けているローンの抹消書類やローン残債額の確認などの準備をあらかじめ行う。

(9) **残代金の受領と物件の引渡し（決済引渡し）**
買主から売買代金の残額を受領し、買主に対して物件の引渡しをする。併せて、売主は買主に対して、所有権移転登記等のために必要書類の交付を行い、売却物件が建物の場合は玄関の鍵などを渡す。売主にローンの残債があれば、受領した売買代金でローンの残債を一括返済し、抵当権の抹消手続を司法書士に依頼することを、決済引渡しと同時に行う。

> ワンポイントコラム
>
> **＜不動産会社を選ぶ目安＞**
>
> 　不動産取引の透明性を高めるために、国土交通省が 2003 年 7 月に不動産業界へ出した通達で、「媒介契約締結前の事前説明」というものがあります（P.207 参照）。取引を行う方々が、取引の流れはどのようになっているか、不動産会社はどんな業務を行ってくれるか、媒介契約とは何かなどを理解できるように、書面を使って理解を促すようにするという内容です。不動産会社が必ず行うという義務づけはありませんが、不動産会社を選択する際の目安にはなりますので、確認してみましょう。

3 スムーズに売るために

　不動産の売却は、媒介契約を締結した不動産業者に委任することになりますが、不動産会社の頑張りだけに頼って購入希望者を探すのではなく、売主と不動産会社とが二人三脚になって売却活動をするという認識が必要です。

　不動産会社が一生懸命頑張って広告をしたりしても、不動産会社が持ってくる提案や意見を決断するのは売主本人です。担当している営業マンとのコミュニケーションを良くして、お互いの信頼関係ができることによって、不動産会社からの質の高い情報や提案を聞き出し、売主もタイムリーな決断をすることができるようになれば、スムーズな売却へとつながります。購入希望者探しをしている営業マンも生身の人間ですから、売主の熱心さを感じ取れば一層張り切って営業することでしょう。

　売却するに当たって、ポイントとなる点は、**「依頼する不動産会社の選択」**と**「売出し価格の設定」**の2つです。「不動産会社の選択」については、購入の場合でも重要性について記しましたが、広告物やインターネットなどで十分な情報収集をするとともに、実際にいくつかの不動産会社に出かけて行き、信頼できる不動産会社か、また頼れる営業マンかを自分自身の身で感じ取ることも重要です。

　売却の場合、これに加えて、「売出し価格の設定」が大きなポイントですが、高く売りたい気持ちが先行して、売出し価格を高めに設定しすぎると、購入希望者からの反響が全くなくなります。少しでも高い価格で成約させる努力は必要ですが、取引マーケットの成約水準を超えた価格で成約することは絶対にないことをよく考えて売出し価格の設定をしましょう。

　少しでも高く早く売却するために売主ができることとしては、何はなくとも売却商品である物件を、いかにキレイですっきりした状態にして価値

を高く見せられるかです。自分が逆に買う立場になったと考えて、売却物件の中でイヤだと思う点や気になる点をなるべくなくすようにしましょう。

多くの家庭では家中にあらゆる物が散乱していて、実はこれらの物が室内を雑然とした印象にしたり、狭く感じさせたりしています。どうせ引っ越しをするのですから、これを機に処分などすることも含めて、すべて片付けてすっきりさせましょう。リサイクルバザーや古本屋、インターネットオークションなどをうまく利用して、なるべく不要な物を減らします。見学者は押入や収納スペースも見ますので、収納物が乱雑であふれんばかりになっているとイメージが良くありません。

どうしても目が行ってしまうのが、台所・浴室・洗面所などの水回りです。今まで居住してきた人の印象を強く残す汚れや傷みは、誰でも嫌なものです。汚れやカビなどをなるべくなくして清潔な感じが出せるように、

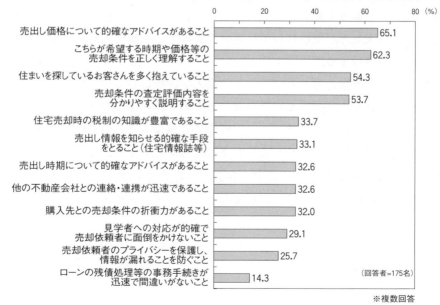

【住まいを売却するうえで不動産会社に期待すること(住宅を売却した世帯)】

項目	%
売出し価格について的確なアドバイスがあること	65.1
こちらが希望する時期や価格等の売却条件を正しく理解すること	62.3
住まいを探しているお客さんを多く抱えていること	54.3
売却条件の査定評価内容を分かりやすく説明すること	53.7
住宅売却時の税制の知識が豊富であること	33.7
売出し情報を知らせる的確な手段をとること(住宅情報誌等)	33.1
売出し時期について的確なアドバイスがあること	32.6
他の不動産会社との連絡・連携が迅速であること	32.6
購入先との売却条件の折衝力があること	32.0
見学者への対応が的確で売却依頼者に面倒をかけないこと	29.1
売却依頼者のプライバシーを保護し、情報が漏れることを防ぐこと	25.7
ローンの残債処理等の事務手続きが迅速で間違いがないこと	14.3

(回答者=175名)
※複数回答

資料:(一社)不動産流通経営協会 2013年調査

できるだけキレイに磨いておきましょう。

　また、窓ガラスや網戸の汚れは、いかにも既存の家の古さを強調して感じさせますので、事前にキレイにしておきます。水回りや家全体の汚れがあまりに激しい時は、専門のハウスクリーニングを依頼することも検討しましょう。

　壁の目立つところに汚れやキズがあったり、穴などが開いていれば、かなり印象が悪くなりますので、場合によっては専門家に直してもらっておきます。また、建具やサッシの動きがスムーズでない場合にも、これから住もうとする方にとってはかなりマイナスイメージですので、一緒に直しておきましょう。一戸建の場合は、庭などに要らない物がいくつも放置されていたり、庭木や草があまりにもボウボウに生えていると印象が良くありませんので対処しておきましょう。

　見学者が来た時には、明るく見せるためにすべての照明をつけて、モデルルームさながらにします。入ってすぐの玄関の印象も大事ですので、靴はなるべくしまっておくと広く見えます。また、家族全員で迎えたりすると、見学に来た方が気後れしてしまいますので、奥様一人くらいで応対するのがいいでしょう。

　売主さんの家族の方々というのも、購入検討者としてはこれから購入の交渉や手続きを行っていく相手となりますので、物件の評価の一つとなることを念頭においておきましょう。無理に愛想よくする必要はありませんが、質問などを受けたらわかる範囲で気持ちよく答えるようにします。不動産会社の担当者もいますので、親切心であまりしゃべりすぎると、かえって売り込んでいると感じさせてしまい、マイナスイメージにつながります。

ワンポイントコラム

＜リフォームは先か、後か？＞

　老朽化が激しい物件を売却する時に、「先にリフォームをしておいたほうがいいか」という質問をよく受けます。既存住宅の取引では、リフォームが必要な場合、その分価格を低く見積もって購入希望価格を提示するのが一般的なやり方です。とはいえ、売りに出す商品としての最低限の魅力は必要ですので、買おうとする人から見て、まだ住める物件なのに限度を超えた老朽化や汚れがあれば先に直しておいたほうが、スムーズに売却できるでしょう。

4 いくらで売れるのか？

　売却する時には、とにかく高く早く確実に取引を進めたいというのが、ほとんどの売主の気持ちです。ところが、「高く」と「早く」は相反することで、安くしたほうが早く売れることに結び付くのが現実です。不動産の売却をする時に、少しでも高く売るために、この売却価格をいくらに設定するのかというのは大きなポイントです。

　どんな物でも、一般的に買う気を起こさせる市場価格というものがあります。不動産も同じことが言えますが、全く同じものがないのが不動産の特徴のため、似た物件で近い時期に成約したものと比較して類推するという方法で、成約すると思われる価格を算出しています。

　売却を実施するに当たっては、まずは自分の売却物件が市場でいくらくらいなら売れるのかを把握しなくてはなりません。不動産情報誌やインターネットで自分の売却物件の周辺で似たものがどのくらいの価格で売りに出されているかをチェックして、相場観を養いましょう。さらに、売却を依頼しようと考えている不動産会社に価格査定の依頼をすると、今から3カ月くらいの間に成約する見込み金額である査定額を根拠資料とともに数日で報告してくれますので、数社に頼んでみましょう。

　不動産会社が価格査定をする方法については、国土交通省の指導によって公益財団法人不動産流通近代化センターが作成した**「価格査定標準化マニュアル」**に基づいて、ほとんどの不動産会社が査定を行っています。査定する内容については、**「第2章 6 価格の見方」**に書きましたので、そちらをご覧ください。

　いくつかの会社に査定してもらうと、必ずしも同じ査定額が出てくるわけではありません。これは、その査定に使った売却物件と類似した成約事例の取り方や、市場に出すに当たって強気か弱気かといった判断などいろ

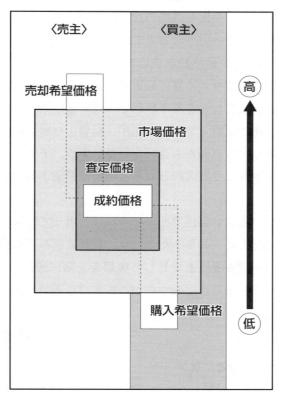

【さまざまな価格】

いろんな要素が入っているからです。

　報告された価格査定を見る時には、その金額に至った根拠について納得できる説明かということや、売却を進めるに当たり、決めなくてはならない売出し価格の設定をどのように考えているか、その不動産会社の類似物件の成約実績などをよく聞き出しましょう。高い査定金額を提示してくれた不動産会社が必ずその金額で成約させてくれればいいのですが、決してそのようなことはありませんので、十分注意してください。

　不動産の売却にかかわる価格は、売主の売却希望価格、売出し価格、買主の希望価格、査定価格、成約価格と様々なものがあります。この中で売

出し価格が、成約する可能性が高いマーケット価格の範囲に収まっていなくては成約しません。売出し価格の設定次第で、スムーズな売却が進められるかどうかが決まるということです。

「売出し当初は高めに価格設定をして、反響がなかったら後から下げる」という売主の方の希望をよく耳にします。売主の方の気持ちはわかりますが、購入希望者が広告などを見て物件を判断する時に、いちばん大きな要素が価格です。そこに載っている価格が、相場より高いと感じたら、たとえ良い物件であっても見向きもされないでしょう。そのために、**売出し価格は必ずマーケットに受け入れられるところで設定する**のがポイントとなります。

誰でも、少しでも高い価格で売却できればと思っています。既存住宅市場で、高く早く確実に売却するためには、**信頼できる不動産会社の提示した査定価格に5～8％程度上乗せした金額を上限に設定する**のが無難で、結果的には高く売れることにもつながることになるでしょう。

> **ワンポイントコラム**
>
> **＜高く「成約」させるには＞**
>
> 　価格査定を数社に依頼した時に、高めに提示してくる不動産会社には注意をしましょう。専任媒介を結びたいという理由だけで、当初から高めの査定額を提示したり、売却価格が相場より高くても依頼を受ける不動産会社があります。広告にも多く掲載してくれたりしますが、反響が取れず後々価格を下げるように売主に要求してくることもあります。売主にとって必要なのは、高く売り出してくれる不動産会社ではなく、高く成約させてくれる不動産会社だということをお忘れなく。

5 どの媒介契約がいいのか？

　不動産の売却をする時には、自己取引でない不動産会社に依頼することになりますが、依頼を受ける不動産会社はその証しとして、所定の媒介契約書を使って媒介契約を締結することが義務づけられています。媒介契約は、不動産会社と売主で締結する契約で、不動産会社が売主と買主の間に立って、依頼物件の売買契約の成立に向けて活動することを内容としています。

　この媒介契約は、売却を依頼する不動産会社を1社にするか複数にするかなどの違いによって、「**専任媒介契約**」「**専属専任媒介契約**」「**一般媒介契約**」の3つの種類があります。なお、媒介契約の期間は、専任の場合は最長限度となっている3カ月間とするのが一般的です。

●**専任媒介契約**

　売却を依頼する不動産会社を特定の1社に限定し、他の会社には頼まない方法です。この媒介の依頼を受けた不動産会社は、売れるも売れないも自分の会社の売却活動次第となりますので、売主の期待に応えるために広告などの宣伝を優先的に行ったり、少しでも多くの自社の顧客に紹介したりと、購入者探しにより積極的になります。

　この媒介契約を結んだ不動産会社に課せられる義務として、国が定めた不動産業者間の情報交換システムである指定流通機構（レインズ）に必ず登録することと、依頼した売主に対しての業務処理状況の報告を、2週間に1回以上文書またはメールで行うことがあります。

●**専属専任媒介契約**

　専任媒介契約の内容を、より強く不動産業者に任せるようにしたものがこの方法です。専任媒介契約と大きく異なる点は、たとえ自分（売主自身）で買主を見つけたとしても、すべて媒介契約を締結した不動産会社を

通して取引を行い、手数料も支払わなければならないということです。

　例えば、売主の知人などが売主が自宅を売却していることを知り、すぐに売ってほしいと売主に直接依頼してきたというようなケースです。どちらにしても自分自身で不動産取引をするのは不可能なため、不動産会社に任せようと考えていたならば、この媒介契約で特段の問題はありません。

　この媒介契約を結んだ不動産会社に課せられる義務としては、売主への業務処理状況の報告が1週間に1回以上と、より綿密さを求められることと、専任媒介契約と同様に指定流通機構への登録です。

●**一般媒介契約**

　上記2つの方法と異なり、複数の不動産会社に売却の依頼をする方法で、売主がどこの不動産会社に媒介契約を依頼しているかを明示する**「明示型」**と、ほかの不動産会社を明示しない**「非明示型」**があります。たくさんの不動産会社が売却のための活動をしてくれることがいちばんのメリットですが、不動産会社からしてみれば「ほかの会社で成約してしまうかもしれない」という思いもあり、いまひとつ売却活動に積極性が出ないこともあります。

　この媒介契約を結んだ不動産会社は、指定流通機構に登録する義務はありませんが、売却していることを一般に知らせたくないという特別なケースを除いては登録しているのが現状です。また、業務処理状況の報告義務も課せられていませんが、一般的には売主のために何らかの方法で報告を行っています。

　3つの媒介契約の中で、どれを選べばいいかということですが、**お勧めとしては1社だけに依頼する専任または専属専任媒介**です。これらの媒介にすることにより、指定流通機構に登録されることになるので、多くの不動産会社に情報が行きわたり、結果として複数の業者に依頼する一般媒介と同じ効果が生まれます。また、依頼した不動産会社に責任を持たせられ、購入希望者を探すための活動も熱心に行ってもらえるという期待もできるからです。売却がうまく進めば問題はないのですが、少しでも長引いてきた時

に、すべてを任せられたその不動産会社が責任を持って原因や対策を適切に相談してくれることによって、成約に結び付けられる可能性も高まります。

　それだけに、依頼するために選ぶ1社は信頼できるところでないといけませんので、事前に十分に情報を集めてから選ぶ必要があります。もしも媒介を依頼してから契約期間の3カ月間に成約に至らず、さらに不動産会社が信頼に足りないと感じられた時は、依頼する会社を変えることも考えなくてはなりません。

　一方、売却を担当する不動産会社としては、専任媒介契約か専属専任媒介契約になることを望んでいます。この2つの媒介であれば、成約に至れば最低でも売却の手数料、あわよくば購入の手数料も得られる可能性があるからです。複数の不動産会社に依頼する一般媒介契約ですと、どんなに手を尽くして購入希望者を探す努力をしても、ほかの不動産会社に成約されてしまえば成果はゼロになってしまうからです。

　いずれの媒介契約を選ぶとしても、依頼をする売主と依頼を受けた不動産会社のコミュニュケーションをよくすることが、不動産会社の販売促進の頑張りにつながり、良い結果を導き出してくれます。

> ワンポイントコラム
>
> **＜不動産会社にとっての「一般媒介契約」＞**
>
> 　不動産会社の側から3種の媒介契約をみると、もちろん専属または専属専任のほうが手数料を受け取れる確率が高いですし、営業活動をする時でも、一般媒介よりもやりやすいと言えます。なぜなら、一般媒介の場合、広告掲載するにしても自社が掲載した日に他社で大きく出てしまえば、反響はそちらにいってしまう可能性があり、こちらの広告は無駄になってしまいます。やっと買主を見つけても、他社から購入申込みがあれば、それっきりになってしまいます。このあたりに、不動産会社がいまひとつ積極的になれないという事情が隠されています。

6 必要な書類と諸費用

（1）売却時に用意する書類

　不動産の売却を行う時に必要な書類で、最も重要なのは登記識別情報または**登記済証**（権利証）です。特に登記済証は、そのものを担保にしてお金が借りられる価値のあるものです。手元にあれば何も問題はありませんが、どこを探してもない場合は、司法書士に依頼して本人確認情報の提供制度という手続きを行うことになります。

　これは、登記において必要となる本人確認を、司法書士との面談などによって行い、この情報を提供することによって登記申請が行えるようになるものですが、手間と費用を要します。なお、売却する不動産を取得したのが平成17年3月以降で、「**登記識別情報**」が交付されている場合には、登記済証はありませんので、登記識別情報を用意してください。

　その他に必要なものとして、土地や建物の測量や建築の図面や購入時のパンフレット類、マンションの場合は管理規約などがあります。売却をするに際して用意する書類は、次のものです。

---

① 　土地・建物登記済証または登記識別情報
② 　固定資産税等納税通知書
③ 　購入時のパンフレット等
④ 　＜マンションの場合＞管理規約・使用細則・管理組合総会議事録等
⑤ 　建築確認通知書・検査済証
⑥ 　実測図・建築図面・建築協定等

　契約の手続きに入ると、上記の書類に加え所有者全員の印鑑証明書や住民票、ローンの残債があれば抵当権などの抹消書類、また売却物件購入後

に二度以上住所移転をしていると「戸籍の附票(こせきのふひょう)」などの書類を用意しなければなりませんが、不動産会社から順次案内されます。

また、必要となるものとしては、所有者全員の実印と、引渡しの際にはスペアキーを含む売却物件の鍵一式があります。

(2) 必要となる諸費用

不動産の売却に際してかかってくる諸費用は、次のものがあります。

① **仲介手数料**

成約価格の3％＋6万円（別途消費税等がかかります）

② **抵当権などの抹消費用**

法務局へ支払う手続料と司法書士の手数料で、数万円が目安です。

③ **不動産売買契約書の印紙代**

契約金額	印紙代
500万円超～1,000万円まで	1万円（5千円）
1,000万円超～5,000万円まで	2万円（1万円）
5,000万円超～1億円まで	6万円（3万円）
1億円超～5億円まで	10万円（6万円）

＊不動産売買契約書は、2018年3月末までは（　）内の軽減税率が適用されます。

④ **譲渡所得に対してかかる所得税・住民税**

売却物件を購入した時よりも今回売却した時の価格が上回り、譲渡益が発生した場合には、差額に対して所得税と住民税が課税されます。

マイホームの売却の場合は、譲渡益から所定の要件のもとで特別に3,000万円までを差し引くことができる**「3,000万円特別控除の特例」**や、3,000万円以上の譲渡益が出た場合に選択適用となる課税を繰り延べられる**「特定居住用財産の買換え特例」**といった、税制のバックアップを受けられます。

なお、譲渡により売却物件を購入した時より下回った金額での売却となり損失が出た場合には、**「居住用財産の買換え等の場合の譲渡損**

失の損益通算及び繰越控除」といった税の減免制度が、特例として設けられています（現在の制度は、2015年12月末までです）。減免額が大きくなることもありますので、出費ではありませんが参考に記します。

⑤ その他

土地・一戸建の場合で、確定測量がなされていないと、境界の確認や測量などの費用が必要になる時があります。また、買換えの場合は、引っ越し費用が必要になることをお忘れなく。

ワンポイントコラム

＜必要な書類の保管＞

売却活動を行う際に必要になる書類で、購入時のパンフレットや建物図面などは、購入検討者に渡す資料や依頼した業者が広告を作成する時にも利用されますので、できるだけキレイな状態で保管しておきましょう。

第10章　買換えの進め方

まとめ

❶　売却と購入のどちらを先に始めるかは、ケースバイケースということになるが、迷っている場合は、まず**手持ち物件の売却活動に着手する**ことをお勧めする。ただし、売却物件の買い手がすぐにでも見つかるという状況ならば、購入から進める。

❷　売却をする際には、不動産会社に売却可能価格の提案をしてもらう価格査定があり、これを参考にして依頼をする会社を選んだり、売出し価格を決める。不動産会社への売却依頼は、媒介契約の締結をもって正式に依頼することになる。

❸　不動産の売却は、売主と不動産会社とがお互いの信頼関係を築いて、二人三脚になって売却活動をするという気持ちを持つことが必要。高く早く売却するために売主が行うことは、物件価値を高めるために、家をキレイですっきりした状態にすること。

❹　高く早く確実に売却するためには、不動産会社の提示した査定価格に、**5～8%程度上乗せした金額**を上限に売出し価格を設定するのが無難で、そのほうが結果的には高く売れることにもつながる。

❺　媒介契約は、「専任媒介契約」「専属専任媒介契約」「一般媒介契約」の3つの種類があり、お勧めとしては依頼した不動産会社に責任を持たせられる、専任または専属専任媒介契約である。

❻　不動産の売却時に必要な書類で、最も重要なのは、**登記識別情報**または**は登記済証＝権利証**。必要になる諸費用としては、仲介手数料、抵当権などの抹消費用、印紙代、譲渡所得に対してかかる所得税や住民税などがある。

付録

【立地・周辺環境チェックリスト】（物件：　　　　　　　　　　　　）

交　通	物件から最寄駅まで　　　　◆徒歩の場合 （　　　　線　　　　　駅）◆自転車の場合 　　　　　　　　　　　　　　　○駅前駐輪場 　　　　　　　　　　　　　　◆バスの場合 　　　　　　　　　　　　　　　○1時間の本数（朝） 　　　　　　　　　　　　　　　　　　　　　　（昼） 　　　　　　　　　　　　　　　　　　　　　　（夜） 　　　　　　　　　　　　　　　○最終バス	分 　　　　分 有・無 　　　　分 （　　　本） （　　　本） （　　　本） 　時　　分
	最寄駅から勤務先（学校）まで （　　　　線　　　　　駅）○1時間の本数（朝） 　　　　　↕　　　　　　　　　　　　　　　　　（昼） 　　　　　　　　　　　　　　　　　　　　　　（夜） （　　　　線　　　　　駅）○最終電車	分 （　　　本） （　　　本） （　　　本） 　時　　分
	ドアツードアの合計時間	分
生活施設	スーパーや商店街 金融機関 診療所 総合病院 その他必要な施設（　　　　　　　　　　　　　　）	分 　　　　分 　　　　分 　　　　分 　　　　分
教育施設	幼稚園・保育所 小学校 中学校 その他必要な施設（　　　　　　　　　　　　　　）	分 　　　　分 　　　　分 　　　　分
公共施設	役所 郵便局 公園 その他必要な施設（　　　　　　　　　　　　　　）	分 　　　　分 　　　　分 　　　　分
嫌悪原因	騒音・振動の原因はないか（道路・鉄道・工場など） 悪臭の原因はないか（工場・ゴミ施設・養鶏場など） その他の嫌悪施設はないか（ガス施設・広大な空地など）	有・無 有・無 有・無
日照確保	隣接の建物は影響を及ぼさないか 隣接の空地は建築されても影響はないか 周辺に影響を及ぼす可能性のある空地や畑はないか	有・無 有・無 有・無
その他	保育所はすぐに入れるか 高齢者向けサービスの整備状況 ゴミ収集の日時・方法・粗大ゴミ回収など	可・否 良・否 良・否

※物件ごとにコピーしてお使いください

付　録

【マンションチェックリスト】（物件：　　　　　　　　　　　）

業　　者	売主やディベロッパーの実績や信頼度は高いか	○	×
	施工したゼネコンの実績や信頼度は高いか	○	×
	管理会社の実績や信頼度は高いか	○	×
共用部分	エントランス・廊下・階段などはきれいか	○	×
	エレベーターの大きさはいいか	○	×
	掲示板は整然とし、活用されているか	○	×
	ごみ置場や駐輪場は整頓されているか	○	×
	外壁に0.5mm以上のひび割れ・浮き・ハガレはないか	○	×
	外階段や手すりなどの鉄部が大幅にサビていないか	○	×
	コンクリートのかぶり厚は3cm以上あるか	○	×
共用施設	駐車場は使用可能か	○	×
	共用視聴アンテナはあるか	○	×
	集会所はあるか	○	×
管　　理	管理組合活動は、きちんと行われているか	○	×
	長期修繕計画に基づいて、修繕や補修が実施されているか	○	×
	管理費と修繕積立金の口座は分けられていて、名義人は理事長か	○	×
	管理費や修繕積立金の収支に問題はないか、滞納はないか	○	×
	管理規約の内容は、必要なことがきちんと定められているか	○	×
	管理人の管理形態に問題はないか	○	×
利用形態	上下左右の住民に問題はないか	○	×
	事務所や店舗が入っていないか	○	×
	ワンルームや極端に大きな間取りはないか	○	×
住　　戸	部屋の方位は問題ないか	○	×
	間取りや動線は使いやすいか	○	×
	各部屋の日照や通風は取れているか	○	×
	台所の使い勝手は良いか	○	×
	スラブ厚が取れていて、遮音性に問題はないか	○	×
	梁の出が大きく使い勝手の悪いところはないか	○	×
	収納スペースは確保されているか	○	×
	電気の容量、換気設備は大丈夫か	○	×
	給水栓やトイレの水量や排水は大丈夫か	○	×
劣　　化	壁や天井にカビの発生はないか	○	×
	給排水設備周辺に水漏れのシミはないか	○	×
	建具はスムーズに作動するか	○	×
	リフォームしないと使えない傷みはないか	○	×

※物件ごとにコピーしてお使いください

【一戸建チェックリスト】（物件：　　　　　　　　　　　）

敷　　地	敷地の形状は四角いか	○	×
	隣地や道路との高低差は問題ないか	○	×
	周辺の地形を見て、特に低いところに位置していないか	○	×
	擁壁に大きな亀裂がないか	○	×
	公道に2m以上接しているか	○	×
外　　構	門や塀に破損や大きな傷みはないか	○	×
	カーポートの大きさは十分か	○	×
	庭に目立った窪みや穴などはないか	○	×
	外部で水はけの悪いところはないか	○	×
建物外部	外壁や基礎に0.5mm以上のひび割れ、ハガレ、破損などはないか	○	×
	屋根に瓦のズレなどの見て分かる異常はないか	○	×
	屋根裏や軒下にシミや腐食はないか	○	×
	雨どいが破損したり曲がったりしていないか	○	×
	床下換気口は5m以内に1つの割合で設置されているか	○	×
	鉄部にはげしいサビや塗装のハガレはないか	○	×
間取り	間取りや動線は使いやすいか	○	×
	収納スペースは確保されているか	○	×
	各部屋の日照や通風は取れているか	○	×
	台所の使い勝手はよいか	○	×
内　　装	建物全体の床にきしみや傾きはないか	○	×
	廊下や階段の幅は確保されているか	○	×
	天井や壁にハガレ、破損、雨漏りのシミ、カビはないか	○	×
	建具はスムーズに作動するか	○	×
	給排水設備周辺に水漏れのシミはないか	○	×
	木部の腐食はないか	○	×
	シロアリの被害はないか	○	×
設　　備	電気の容量、換気設備は大丈夫か	○	×
	ガスの種類や火力は問題ないか	○	×
	給水栓やトイレの水量や排水は大丈夫か	○	×
	設備はきちんと作動するか	○	×

※物件ごとにコピーしてお使いください

私の住まい履歴　〜あとがきにかえて〜

　最後に、恥ずかしながら、自分の住宅購入経験について、書いてみたいと思います。極めて個人的な経験なので、本書の趣旨や記載と異なる部分もあろうかと思いますが、私のプロフィールの一部として、参考にしていただければ幸いです。

4回の自宅購入

　自宅は、今まで首都圏で4回購入してきました。初めて購入してから30年程経ちますので、平均して8年ごとに住み替えてきたことになります。

　初めて買った家は、結婚時の新居用の小さな南向きの新築マンションです。勤務地が首都圏の郊外を点々と移り変わっていたので、通勤の負担を考え、電車で大手町まで15分程の私鉄の駅から徒歩2分の物件です。駅近くの開発地では、分譲や賃貸用のマンションがどんどん建築されてきている発展途上の街でした。

　自分自身の貯蓄がほとんどなかったにもかかわらず購入に踏みきったこともあり、最大限ローンを組みましたが、物件価格と借入金を何とか低めにしたこともあり、無理なく返済することができました。この物件は抽選で購入者を決める販売方式にもかかわらず、1番に申し込んだ者が抽選の次点になるということで、どうしても購入したかったため前夜から案内所に並びました。このおかげか、抽選には外れたものの当選者が辞退したため購入することができました。

2軒めの家は、西向きのマンション

　初めてのマンションで快適に居住してきたのですが、駅に近いことが災いしてか付近に飲食店などがどんどん増えてきて、少々うるさい所になってきました。子供ができたのを機にもっと環境のいいところをと考えて、

新宿から私鉄で20分程の神奈川県の駅から徒歩圏にある新築マンションに買い換えました。バブル真っ盛りの時期だったこともあり、売却物件の価格は高騰して良かったのですが、購入物件の価格も高くなっていたため、自分の身の丈としては高額な取引にもかかわらず、得したという気持ちまでには至りませんでした。
　最寄り駅は急行が停車しないこともあり、地価が少々割安感のある場所だったのですが、希望の南向きは予算が合わないため、あきらめて西向きの物件にしました。夏の夕方は西日が入るため、すだれを吊るして過ごしました。マンション内には同世代の子供も何人かいて、周辺環境の良好さと共に、のんびりした雰囲気の中で過ごすことができたように思います。

初めての既存一戸建を買う
　やがて子供が成長すると、庭付きの一戸建に住みたいという気持ちが高まりました。
　初めは新築を探したのですが、物件数が少なく、予算に合うものは庭がほとんどない狭小なものばかりでした。そこで、探す対象を既存物件に広げて検討したところ、同じ私鉄沿線で少し奥にある駅が最寄りの物件に目が留まりました。
　この物件は、建築されてからの年数が比較的短く、事務所として使用してきていたこともあり、水周りの汚れが目立ちませんでした。一方で、広い部屋を仕切らないと使い勝手が良くないため、仕切り壁や収納を新設するリフォームをしました。
　駅から歩いて20分程の距離のため、通勤は運動を兼ねてなるべく徒歩で駅に行き、雨の日には自家用車で送迎してもらったり、バスを利用したりしました。庭ではガーデニングを楽しみ、友人と共にバーベキューをしたり、柴犬を飼ったりと一戸建住宅ならではの暮らしを満喫しました。一番の難点は、少し広めだった庭にどんどん伸びてくる雑草の刈り取りを、冬場以外はかなりの頻度でしなくてはならなかったことですが、緑の芝生

は何ものにも代え難い気持ちの良さがありました。

重い借入金のために、「スケールダウン買換え」へ

　購入した一戸建は、自分の所得に比して少々を無理をした売買金額だったため、多額の変動金利ローンを長期間組むことによって、返済額を何とか返せる低めの金額に抑えました。返済の途中で、金利のより低いローンに借り換えもしました。しかしながら、重い借入金額のせいで、なかなか残債額が減らず、このままではいつまでもローン返済に生活が圧迫されるとの思いから、「スケールダウン買換え」をすることにしました。子供の進学先が決まったことをきっかけにして、今までより都心に近い既存マンションを探しました。

　この時の物件の条件としては、低めの売買金額とともに最寄り駅まで5分以内・南向き・築年数10年までとしました。いくつかの候補の中から最終的に2つの物件に絞って見学し、家族の意見を尊重して新宿から私鉄の各駅停車で20分程の今の家に決めました。

　入居して間もなくマンションの総会があり、順番で理事にならざるを得なかったのですが、さらに運悪くジャンケンに負けて理事長になってしまいました。マンションの理事長は、理事長ならではの果たさなくてはならない仕事がいくつかあり面倒ですが、マンションの現状を理解できたり、早期に住民の方々と知り合えたりと得られたものも多くありました。

　2軒目以降の購入に当たっての買換えは、購入物件の契約を先にしてから、住んできた物件の売却に着手する「買い先行」で行ってきました。スムーズに売却が進まず心配もしましたが、結果としては、仮住まいや、つなぎ融資をせずに、スムーズに買換えを終えることができました。

　ただし、2回目と3回目の買換えでは、地価下落の影響により、売却物件を取得した時の金額より売却したときの金額の方が下回ってしまったため、「譲渡損失控除制度」という、損失に対して税の還付を受けられる特例を利用して、少しでも損失を和らげるようにしました。

よりよく"住まう"ために

　これまでの住み替えについて、こうすればよかったという部分は多少あるものの、家族一同かなり満足しています。ひとつ前に住んでいた一戸建住宅に比べると、今のマンションは部屋数も少なくコンパクトな間取りです。引っ越しの際、最大限ものを減らし、住んでからも収納を工夫するなどして、快適に過ごしています。

　新しい住処に入居すると、良いところと共に良くないところも見えてしまうことがあります。でも、新しい住まいでより良く住まうために、どうすればいいかという前向きな気持ちで住んできたことが、住み替えして良かったという家族の評価につながったのではないかと感じています。

【著者略歴】
喜多 信行（きた のぶゆき）
ファイナンシャルプランナー、不動産コンサルティングマスター、宅地建物取引士。
1955年東京都新宿区生まれ。
早稲田大学法学部卒業後、1979年大手不動産流通会社に入社。
新築営業、法人仲介営業、個人仲介営業などを経て今日に至る。
既存住宅市場のより一層の整備と発展を志しながら、日々の業務に従事している。
著書に『不動産業 独立・開業と実務ハンドブック』（住宅新報社刊）がある。

※本書は、『これだけは覚えておきたい！中古住宅の売買』（2010年4月初版発行）を増補・改訂して発行したものです。

大手不動産会社のプロが教える 中古住宅の買い方・売り方

2010年4月6日 初版発行（旧書名 これだけは覚えておきたい！中古住宅の売買）
2015年1月5日 改題版発行

著　者　喜多信行
発行者　中野孝仁
発行所　㈱住宅新報社

出版・企画グループ　〒105-0001 東京都港区虎ノ門3-11-15（SVAX TTビル）
　　（本　社）
　　　　　　　　　　　　　　☎（03）6403-7806
販売促進グループ　〒105-0001 東京都港区虎ノ門3-11-15（SVAX TTビル）
　　　　　　　　　　　　　　☎（03）6403-7805

大阪支社　〒541-0046　大阪市中央区平野町1-8-13（平野町八千代ビル）☎（06）6202-8541㈹

＊印刷・製本／亜細亜印刷
落丁本・乱丁本はお取り替えいたします。

Printed in Japan
ISBN978-4-7892-3708-6 C2030